CÉLIA RICOTTA MUSSI

LOGÍSTICA DE TRANSPORTES E INFRAESTRUTURA NO BRASIL

2ª Edição

TALENTECH EMPRESARIAL

"No meio da dificuldade encontra-se a oportunidade"
Albert Einstein

Prefácio

A informação domina o mundo. Os meios eletrônicos proporcionaram amplitude em seu manejo, de grau não imaginado pelas mentes mais brilhantes de escritores e futurólogos. Tomamos conhecimento, em tempo real, do que ocorre nos mais remotos pontos do planeta e temos visões locais de outros astros. Sabemos precisamente não só onde estamos como onde estão terceiros. O papel, paulatinamente, mas inexoravelmente, vai perdendo seu ancestral valor como meio de comunicação.

Seria desnecessário salientar o que a informação representa hoje. Porém, não vivemos da informação. Somos tangíveis e necessitamos dos tangíveis para viver. Sabemos quais os adequados alimentos, mas temos deles dispor cotidianamente. Programas projetam excelentes edificações, mas necessitamos dos materiais para construí-las. De nada serviria a informação sem os instrumentos para processá-la. Em resumo, a vida pode ser dirigida pela informação, mas depende primordialmente dos mais variados bens, onde e quando necessários.

Para alcançar esse propósito, os bens necessitam ser, eficientemente e eficazmente, transportados dos locais de produção para os de consumo. Desde remota antiguidade, o transporte de bens é um dos principais elos do desenvolvimento humano. Essa importância vem apresentando vertiginoso crescimento em face à ampliação do comércio mundial.

O transporte de cargas no Brasil ainda não atingiu desejado nível, no qual dele possamos nos orgulhar. Entretanto, apresenta potencial inigualável, quer pelo valor de nossa economia, quer pela grandeza territorial brasileira.

Este livro aborda o transporte de cargas no Brasil de modo amplo e didático. Partindo das políticas governamentais para o setor, analisa cada modalidade, salientando os entraves que se apresentam e ressaltando a modernidade do transporte intermodal.

É, pois, valioso para todos que de alguma forma estão engajados no setor, como também para aqueles que dele desejam se inteirar. Um aprimorado sistema de transporte de carga será importante indutor do desenvolvimento nacional.

Sumário

Introdução.

1. Logística e Desenvolvimento Econômico

    A Reestruturação da Área de Transportes no Brasil:
    - EPL: Empresa de Planejamento e Logística
    - SEP: Secretaria de Portos
    - ANTAQ: Agência Nacional de Transportes Aquaviários
    - MT: Ministério dos Transportes
    - ANTT: Agência Nacional de Transportes Terrestres
    - VALEC: Engenharia, Construções e Ferrovias S.A.
    - SAC: Secretaria de Aviação Civil
    - ANAC: Agência Nacional de Aviação Civil
    - INFRAERO: Empresa de Infraestrutura Aeroportuária Brasileira S.A

2. A Economia Brasileira e Seu Novo Ciclo de Investimento
    - Novo Ciclo de Investimentos no Brasil
    - Desafio da Infraestrutura
    - Custo do Gargalo de Infraestrutura de Transportes

3. O sistema de Transporte no Brasil
    - Histórico
    - Evolução
    - Importância
    - Matriz de Transporte no Brasil
    - Comparativo da Matriz de Transportes com Outros Países

4. Politicas de Transportes
    - Programa de Investimentos em Logística: Rodovias e Ferrovias
    - Programa de Investimentos em Logística: Portos
    - Programa de Investimentos em Logística: Aeroportos

- PNIH: Plano Nacional de Integração Hidroviária
- PNLP: Plano Nacional de Logística Portuária
- PNLT: Plano Nacional de Logística de Transportes
- TAV: Trem de Alta Velocidade

5. Conceitos Estratégicos em Logística e Transporte
   - Logística
   - Logística Integrada
   - Diagrama Estrela
   - Integração Logística e Marketing
   - Princípios da Logística
   - Operador Logístico
   - Classificação das Atividades Logísticas
   - Transporte Intermodal
   - Transporte Multimodal
   - Operador de transporte Multimodal - OTM
   - Requisitos para o Transporte Multimodal
   - Vantagens do Transporte Multimodal
   - Entraves do Transporte Multimodal
   - Porto Seco

6. Gerenciamento de Transporte de Cargas
   - Importância
   - Decisões Importantes
   - Modais de Transporte
   - Custos Comparativos dos Modais de Transporte
   - Divisão dos Modos de Transporte
   - Integração dos Meios de Transporte
   - Formas de Transporte
   - Desafios atuais do Transporte de Cargas
   - Como escolher uma Transportadora ?

7. Transporte Rodoviário de Cargas
- Perfil do segmento
- Principais Problemas
- Tipos de Cargas:
- Tipos de Veículos
- Vantagens
- Desvantagens
- Tendências
- Desafios
- Frete rodoviário de cargas
- MIC/DTA

8. Transporte Ferroviário de cargas
- Perfil do Segmento:
- Processo de Privatização
- Concessionarias e Malhas
- Importância
- Tendências
- Vantagens
- Desvantagens
- Desafios
- Frete Ferroviário
- Comparativo entre Caminhão x Trem

9. Transporte Aquaviário de Cargas

9.1 Transporte Marítimo de Cargas
- Porto
- Abrangência portuária
- Tipos
- Sistema Portuário Nacional

- Modelagem e Concessões
- Terminais portuários
- Tipos de Terminais Especializados
- Áreas a Serem Privatizadas
- Porto de Santos
- Terminais instalados no Porto de Santos
- Frete Marítimo

9.2 Cabotagem
- Cabotagem
- Grande Cabotagem
- Importância
- Movimentação de cargas
- Razão do Crescimento
- Custos
- Vantagens
- Cargas Transportadas
- Desafios
- Operadores

9.3. Transporte Hidroviário de Cargas:
- Perfil
- Transporte Hidroviário
- Importância
- Características

9.4 Hidrovia Tietê - Paraná
- Perfil
- Hidrovia Tietê - Paraná
- Importância

- Movimentação de cargas

9.5 Complexo Portuário de São Simão
- Perfil
- Porto de São Simão
- Importância
- Comparativo de Custos: Hidrovia, Ferrovia e Rodovia
- Logística de Transportes do Estado de Goiás

10. Transporte Aéreo de Cargas
- Perfil
- Transporte aéreo
- Vantagens
- Desvantagens
- Frete aéreo
- Classificação das Tarifas
- Classificação de Frete
- Aeroporto 24 horas

11. Transporte Dutoviário de Cargas
- Perfil
- Dutos
- Vantagens
- Tipos

12. Conclusão

Introdução

O Brasil não investiu o necessário em infraestrutura de transportes e gerou gargalos que impedem o crescimento do país. Durante muitos anos, não investimos o necessário em infraestrutura. Isso ocorreu devido à crise fiscal e pelo baixo crescimento da economia. Esse cenário atingiu particularmente o setor de transportes, em seus cinco modais: rodoviário, ferroviário, aquaviário, aeroportuário e dutoviário..

Porém, constata-se que o país voltou a crescer econômicamente nos últimos anos. Se, por um lado, essa retomada teve implicações positivas, como a diminuição da pobreza e a ascensão da classe C ao mercado de consumo, o aumento do emprego formal, o crescimento da renda e a expansão das fronteiras econômicas com o acesso de produtos brasileiros ao mercado de outros países, por outro lado, tornaram-se evidentes os gargalos logísticos que impedem o crescimento sustentável do país.

As necessidades de investimentos em infraestrutura de transportes já seriam expressivas se não considerássemos somente dois grandes eventos no país como a Copa do Mundo de 2014 e as Olimpíadas de 2016.

É importante ressaltar que, mesmo na ausência desses dois grandes eventos, o Brasil precisaria investir muitos bilhões de reais apenas para atender ao atual ritmo de crescimento da economia e dos investimentos.

Hoje, o Brasil é a sétima economia mundial, e está entre os 20 maiores exportadores mundiais.

O crescimento econômico brasileiro depende das exportações, uma vez que o superávit da balança comercial equilibra as contas públicas.

As dificuldades encontradas para o maior crescimento estão ligadas diretamente a entraves internos, que há muito tempo se repetem sem solução, como burocracia excessiva, a falta de tecnologia, a carência de educação e de mão de obra qualificada como de técnicos e de engenheiros capazes de criar inovação e agregar valor aos produtos e serviços e principalmente a infraestrutura inadequada, insuficiente e desbalanceada da matriz de transportes, com sobrecarga do modal rodoviário.

A falta de infraestrutura de transportes é um grande problema. Faltam linhas aéreas, contêineres, frequência de navios na navegação de cabotagem, vagões ferroviários, terminais marítimos, hidroviários e ferroviários, e conhecimento logístico. Há filas nos principais portos e terminais e atrasos nos aeroportos, além de excessivos gastos nos deslocamentos da produção, perdas por danos e avarias nos transportes, e dificuldades no uso da intermodalidade e da multimodalidade.

Com os problemas de transportes existentes, o Brasil acaba desperdiçando bilhões de reais, são acidentes nas estradas em pontos conhecidos, roubos de carga, ineficiências operacionais e energéticas.

O modal rodoviário acaba suprindo lacunas dos demais modais, impossibilitados de serem utilizados.

A malha ferroviária existente, utilizados em boa parte construída no início do século passado, sofre das falhas no processo das concessões e de realidades, como uma frota de locomotivas antigas com idade média de 25 anos e velocidade média operacional de 25 km/hora. Grandes obras ferroviárias estão a longo tempo em construção. O atraso nos cronogramas dessas obras é constante.

O atraso dos investimentos nas obras de Metrô e dos VLTs - veículos leves sobre trilhos - geram congestionamentos enormes nas grandes cidades. A mobilidade urbana foi afetada, dificultando o deslocamento das pessoas e a distribuição física dos produtos acabados. Os investimentos no transporte coletivo urbano não foram objeto de prioridade, sendo os automóveis transformados em vilões das cidades e geradores da poluição do ar e de danos à saúde .

O sistema de transporte é essencial para a movimentação da economia de um país e a competitividade das empresas. Sem este sistema, os produtos não chegariam até aos consumidores, as indústrias não teriam acesso às matérias primas, partes e peças, e nem teriam condições de distribuir sua produção.

Hoje quem compete no mercado é a cadeia e não a empresa isoladamente. A competividade de uma empresa depende da sua cadeia de suprimentos, composta por fornecedores de matérias primas e de componentes, distribuidores, varejistas e do consumidor final.

É importante ressaltar que os recursos para estes investimentos em transportes são gerados através da CIDE (Contribuição de Intervenção no Domínio Econômico), criada pela lei n. 10.336/2001.

O desenvolvimento do setor de infraestrutura é primordial para a integração de um país de dimensão continental. Para que haja a melhoria das condições de transportes, é necessário um maior comprometimento do governo em definir políticas públicas e planejamentos mais claros, melhores definidos e específicos para cada modal, priorizando as parcerias público-privadas.

O problema das rodovias se dá, principalmente, nas estradas não concessionadas, que necessitam de investimentos em proporções adequadas. No modal aquaviário, principalmente o transporte hidroviário requer maiores cuidados. A capacidade de transportar grandes volumes faz com que este seja a modalidade adequada para o escoamento de commodities agrícolas. Mas há falta de terminais hidroviários, impedimentos de cunho ambiental e a necessidade de construção de eclusas que resolvam os problemas de desnível e tornem os rios navegáveis.

No transporte marítimo, nossos portos necessitam entre outras, de obras para aprofundamento do cais, para receber navios da classe *panamax* e *postpanamax*, *full container* e com grande capacidade de transporte de cargas.

O modal aéreo quase não é utilizado no Brasil, vários fatores implicam para que isto ocorra, principalmente o fato das tarifas serem muito altas, diferente de países que tem uma política de tarifação adequada.

O desenvolvimento do país sugere que serão necessários esforços coordenados para remover gargalos físicos, operacionais, legais e institucionais que tolhem a movimentação de pessoas e produtos. Não podemos esquecer que se faz necessário, a integração dos modais de transporte e que as diversas plataformas logísticas estejam integradas em rede que se comuniquem fazendo uso da tecnologia da informação.

1. Logística e Desenvolvimento Econômico:

O Brasil ocupa a 56ª posição I no ranking de competitividade global e essa posição deve-se principalmente à sua infraestrutura. Segundo o "The Global Competitiveness Report 2013-2014" do World Economic Forum, o "Custo Brasil" é reflexo prático da má avaliação da infraestrutura e deriva da manutenção de baixas taxas de investimento por um longo período.

Portos e Rodovias colocam o Brasil em posição ainda pior.

Os principais fatores restritivos ao ambiente de negócios são:
- Legislação tributária;
- Tributação;
- Infraestrutura inadequada;
- Legislação Trabalhista;
- Burocracia.

O sistema de transportes é fundamental para o desenvolvimento do País e de cada uma de suas regiões. É indispensável para o desenvolvimento acelerado do país que haja uma ampla e moderna rede de infraestrutura e uma logística eficiente.

A utilização de sistemas logísticos integrados (terminal-ferrovia-porto) é claramente a opção de maior eficiência. Os menores custos relativos estão em corredores com maior integração porto-ferrovia.

Em 2013 o custo de *demurrage* ou *sobreestadia* (atraso) no devolução de um container no Brasil, foi estimado em 18% do custo até o porto.

.Em 2012, o governo federal lançou o Programa de Investimentos em Logística (PIL), que prevê a sinergia entre todos os modais de transporte. O programa visa restabelecer a capacidade de planejamento integrado do sistema de transportes, a integração entre rodovias ferrovias, hidrovias, portos e aeroportos, promovendo a articulação das cadeias produtivas com a infraestrutura de transporte.

Seu objetivo principal é ampliar a escala de investimentos públicos e privados em infraestrutura:

A. Rodovias e Ferrovias,
   - duplicar os principais eixos rodoviários do país,
   - expandir e aumentar a capacidade da malha ferroviária;
   - reestruturar o modelo de investimento e a forma de exploração das ferrovias.
B. Aeroportos
C. Portos.

Para o desenvolvimento das ações do Programa de Investimentos em Logística, foi implantada a reestruturação da área de transportes:

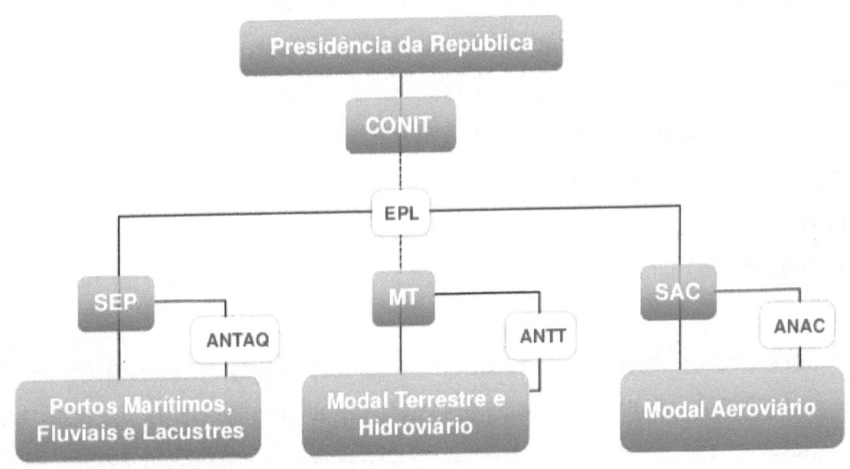

Fonte: Programa de Investimentos em Portos, SEP/PR, 2012.

A área institucional de transportes é integrada por três ministérios e três agências reguladoras vinculadas.

A Secretaria Especial de Portos responde por portos marítimos, fluviais e lacustres e tem como sua agência vinculada, ANTAQ.

O Ministério dos Transportes responde pelo modal terrestre e tem como suas empresas vinculadas a ANTT e a VALEC.

A Secretaria Especial de Aviação Civil responde pelo modal aeroviário e a ela esta vinculada a agência ANAC.

Também, integram a estrutura o CONIT e a EPL, sempre vinculados à Presidência da Republica.

1.1 Conselho Nacional de Integração de Políticas de Transporte - CONIT

O CONIT é um órgão de assessoramento vinculado à Presidência da República, criado pelo art. 5º da Lei nº 10.233, de 05 de junho de 2001 e regulamentado pelo do Decreto nº 6.550, de 27 de agosto de 2008, é composto por dez Ministros de Estados, tendo como presidente o Ministro dos Transportes. O CONIT deve avaliar a integração das atividades desenvolvidas pelos diversos setores ligados ao transporte aéreo, aquaviário e terrestre.

1.2 Empresa de Planejamento e Logística S.A – EPL

A EPL tem por finalidade estruturar e qualificar, por meio de estudos e pesquisas, o processo de planejamento integrado de logística no país, interligando rodovias, ferrovias, portos, aeroportos e hidrovias. A empresa será sócia na concessão do Trem de Alta Velocidade, de forma a absorver e difundir as novas tecnologias. A EPL também assumirá a função de empreendedor para efeito de licenciamento ambiental de projetos de rodovias e ferrovias. . .

1.3 Secretaria de Portos da Presidência da República – SEP/PR

A SEP/PR criada pela Medida Provisória nº 369 de 07 de maio de 2007, convertida na Lei 11.518 de 2007. A SEP/PR tem como área de atuação a formulação de políticas e diretrizes para o desenvolvimento e o fomento do setor de portos e instalações portuárias marítimos, fluviais e lacustres e, especialmente, promover a execução e a avaliação de medidas, programas e projetos de apoio ao desenvolvimento da infraestrutura e da superestrutura dos portos e instalações portuárias marítimos, fluviais e lacustres.

Figuram também como competência da SEP, elaborar planos gerais de outorgas, aprovar os planos de desenvolvimento e zoneamento dos portos marítimos, fluviais e lacustres; estabelecer diretrizes para a representação do País nos organismos internacionais e em convenções e fixar compromissos de metas e de desempenho empresarial, promover a modernização, a eficiência, a competitividade e a qualidade das atividades portuárias.

Recentemente, foi editada a Lei nº 12.815, de 5 de junho de 2013, contendo um conjunto de medidas para incentivar a modernização da infraestrutura e da gestão portuária, a expansão dos investimentos privados no setor, a redução de custos e o aumento da eficiência portuária, além da a retomada da capacidade de planejamento portuária, com a reorganização institucional do setor e a integração logística entre os modais.

Organograma da SEP/PR

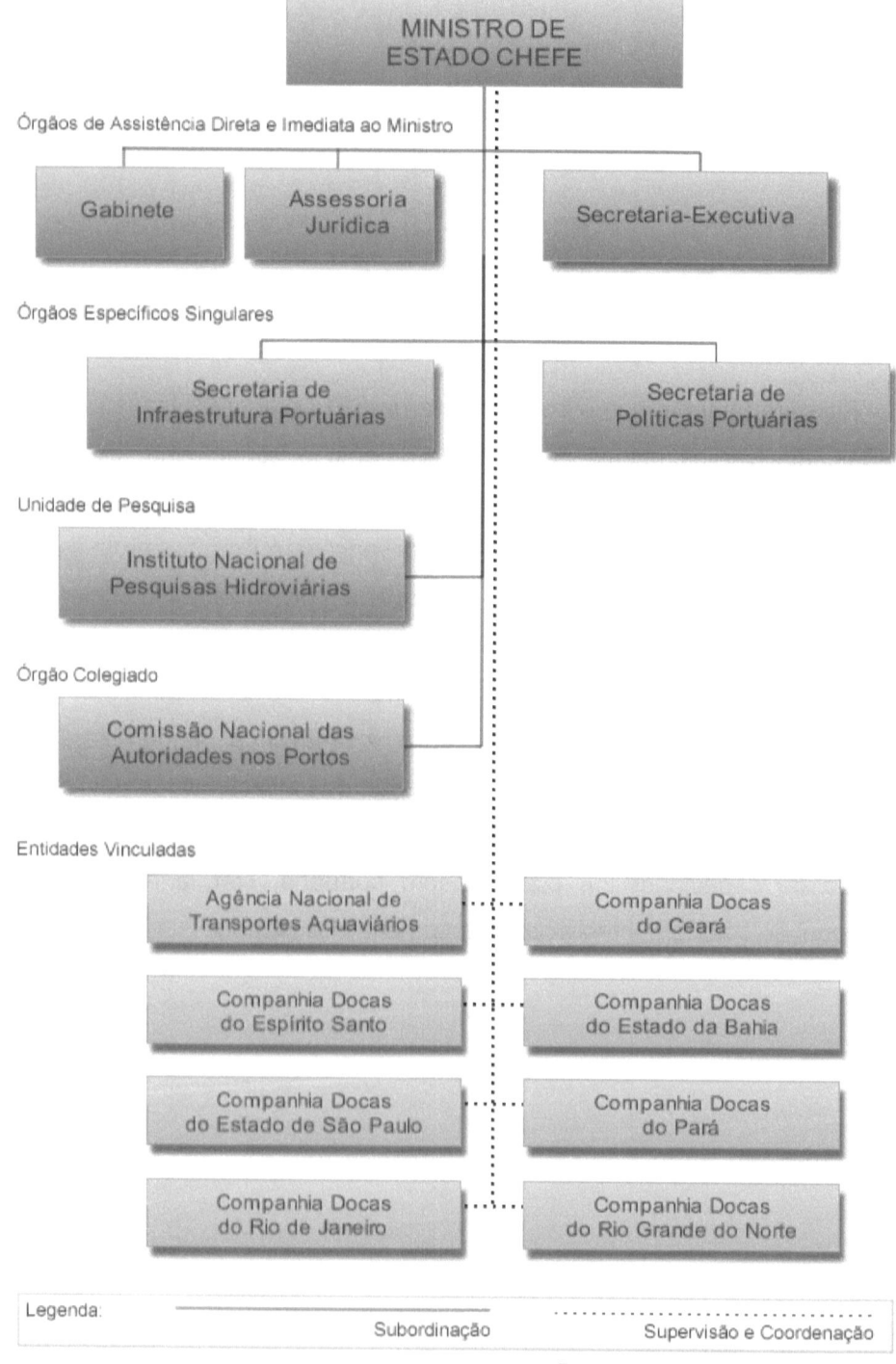

Fonte: Decreto nº 8.088, de 02/09/2013

1.4 Agência Nacional de Transportes Aquaviários - ANTAQ

A ANTAQ, criada pela Lei nº 10.233, de 5 de junho de 2001, é integrante da Administração Federal, submetida ao regime autárquico especial, com personalidade jurídica de direito público, independência administrativa, autonomia financeira e funcional, mandato fixo de seus dirigentes, vinculada ao Ministério dos Transportes e a Secretaria de Portos da Presidência da República.

1.5 Ministério dos Transportes - MT

De acordo com o do Decreto nº 7.717 de 4 de abril de 2012, o Ministério dos Transportes, órgão da administração pública federal direta, tem como áreas de competência os seguintes assuntos:

- política nacional de transportes ferroviário, rodoviário e aquaviário;
- marinha mercante, vias navegáveis e portos fluviais e lacustres, excetuados os outorgados às companhias docas; e
- participação na coordenação dos transportes aeroviários e serviços portuários.

As áreas de competências compreendem:
- a formulação, coordenação e supervisão das políticas nacionais;
- a participação no planejamento estratégico, o estabelecimento de diretrizes para sua implementação e a definição das prioridades dos programas de investimentos;
- a aprovação dos planos de outorgas;
- o estabelecimento de diretrizes para a representação do Brasil nos organismos internacionais e em convenções, acordos e tratados referentes aos meios de transportes;
- a formulação e a supervisão da execução da política referente ao Fundo de Marinha Mercante, destinado à renovação, recuperação e ampliação da frota mercante nacional, em articulação com os Ministérios da Fazenda, do Desenvolvimento, Indústria e Comércio Exterior e do Planejamento, Orçamento e Gestão; e

- o estabelecimento de diretrizes para afretamento de embarcações estrangeiras por empresas brasileiras de navegação e para liberação do transporte de cargas prescritas.

Ao Ministério dos Transportes estão vinculadas as seguintes entidades:

A. Autarquias:
- Departamento Nacional de Infraestrutura de Transportes - DNIT;
- Agência Nacional de Transportes Terrestres - ANTT; e
- Agência Nacional de Transportes Aquaviários - ANTAQ;

B. Empresa pública:
- VALEC - Engenharia, Construções e Ferrovias S.A.

1.6 AGENCIA NACIONAL DE TRANSPORTE TERRESTRE - ANTT

Compete à ANTT:

- Concessão: ferrovias, rodovias e transporte ferroviário associado à exploração da infraestrutura.

- Permissão: transporte coletivo regular de passageiros pelos meios rodoviário e ferroviário, não associados à exploração da infraestrutura.

- Autorização: transporte de passageiros por empresa de turismo e sob regime de fretamento, transporte internacional de cargas, transporte multimodal e terminais.

Áreas de Atuação da ANTT:
- Transporte Ferroviário
  - exploração da infraestrutura ferroviária;
  - prestação do serviço público de transporte ferroviário de cargas; e

- prestação do serviço público de transporte ferroviário de passageiros.

- Transporte Rodoviário
    - exploração da infraestrutura rodoviária;
    - prestação do serviço público de transporte rodoviário de passageiros; e
    - prestação do serviço de transporte rodoviário de cargas.

- Transporte Dutoviário
    - cadastro de dutovias.

- Transporte Multimodal
    - habilitação do Operador de Transportes Multimodal.

- Terminais e vias
    - exploração.

Organograma do Ministério dos Transportes

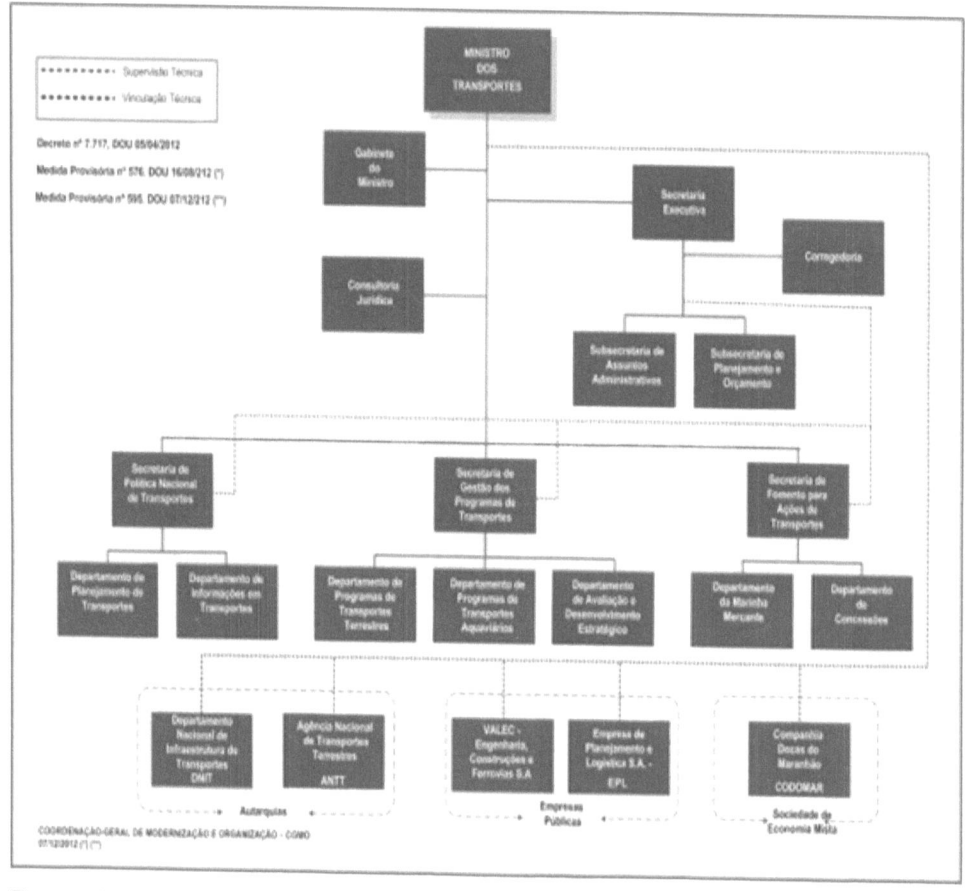

Fonte: MT, 2014

1.7 VALEC Engenharia, Construções e Ferrovias S.A.

É uma empresa pública, sob a forma de sociedade por ações, vinculada ao Ministério dos Transportes, nos termos previstos na Lei n° 11.772, de 17 de setembro de 2008. A função social da VALEC é a construção e exploração de infraestrutura ferroviária. E, de acordo com o Art. 8° da Lei em referência, compete à VALEC, em conformidade com as diretrizes do Ministério dos Transportes.

A VALEC detém, de acordo com a Lei 11.772, a concessão das Ferrovias:

• EF 267, de Panorama, em São Paulo, a Porto Murtinho, no Mato Grosso do Sul, com 750 km;

- EF 334 – Ferrovia da Integração Oeste-Leste, que, partindo de Ilhéus, na Bahia, chega a Figueirópolis, no Tocantins, onde se liga à Ferrovia Norte-Sul, num total de 1.527 km;
- EF 354 – Ferrovia Transcontinental, que partirá do Litoral Norte Fluminense e passará por Muriaé, Ipatinga e Paracatu, em Minas Gerais; por Brasília, no Distrito Federal, por Uruaçu, em Goiás; por Cocalinho, Água Boa e Lucas do Rio Verde, em Mato Grosso; Vilhena e Porto Velho, em Rondônia; e Rio Branco e Cruzeiro do Sul, no Acre, até chegar à localidade de Boqueirão da Esperança, na fronteira Brasil-Peru. A Transcontinental terá, após concluída, um percurso de 4.400 km.

1.8 Secretaria de Aviação Civil - SAC

Ligada à Presidência da República, a SAC foi criada em 2011 pela Lei nº 12462/2011 com o propósito de coordenar e supervisionar ações voltadas para o desenvolvimento estratégico do setor da aviação civil e da infraestrutura aeroportuária e aeronáutica no Brasil.

Estrutura da Secretaria de Aviação Civil

A SAC criada em março de 2011 tem com o objetivo elaborar estudos, formular e coordenar as políticas para o desenvolvimento do setor de aviação civil e das infraestruturas aeroportuária e aeronáutica civil articulada com os demais órgãos do setor. São entidades vinculadas à SAC: a ANAC e a INFRAERO
A SAC dispõe de uma Secretaria de Aeroportos composta por três departamentos que são , Gestão aeroportuária, Planejamento de Estudos e Projetos e Gestão do PROFAA.

Organograma da SAC

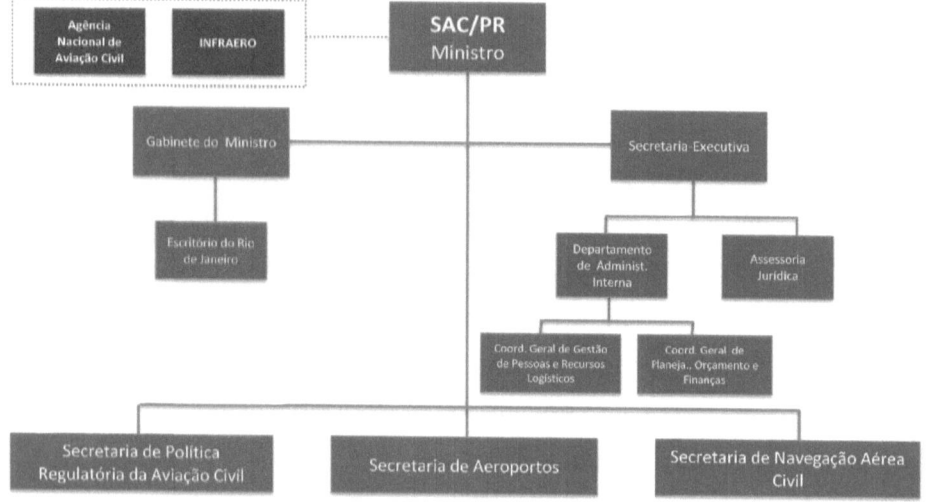

Fonte : SAC/PR, 2014

1.9 Agência Nacional de Aviação Civil – ANAC

A ANAC, vinculada à Secretaria de Aviação Civil da Presidência da República, é uma autarquia especial, caracterizada por independência administrativa, autonomia financeira, ausência de subordinação hierárquica e mandato fixo de seus dirigentes, que atuam em regime de colegiado. Tem como atribuições regular e fiscalizar as atividades de aviação civil e de infraestrutura aeronáutica e aeroportuária. Para tal, o órgão deve observar e implementar as orientações, diretrizes e políticas estabelecidas pelo governo federal, adotando as medidas necessárias ao atendimento do interesse público e ao desenvolvimento da aviação.

A atividade regulatória da ANAC pode ser dividida em regulação técnica e regulação econômica. A regulação técnica ocupa papel de destaque na Agência e busca principalmente a garantia da segurança aos passageiros e usuários da Aviação Civil, por meio de regulamentos que tratam sobre a certificação e fiscalização da indústria. Isto decorre da necessidade de que as operações aéreas cumpram rígidos requisitos de segurança e de treinamento de mão de obra. Já a regulação econômica refere-se ao monitoramento e possíveis intervenções no mercado de modo a buscar a máxima eficiência.

Para tanto, são emitidos regulamentos que abrangem não somente as empresas aéreas, mas também os operadores de aeródromos.

1.9 Empresa Brasileira de Infraestrutura Aeroportuária S.A - INFRAERO

A INFRAERO, empresa pública instituída pela Lei nº 5.862/ 1972, sob a forma de sociedade anônima, de direito privado, patrimônio próprio, autonomia administrativa e financeira, vinculada à Secretaria de Aviação Civil (SAC), rege-se pela legislação federal e Estatuto Social.

Tem por finalidade implantar, administrar, operar e explorar industrial e comercialmente a infraestrutura aeroportuária, prestar consultoria e assessoramento em suas áreas de atuação e na construção de aeroportos, e outras atividades, correlatas ou afins, conferidas pela SAC - Secretaria de Aviação Civil.

A INFRAERO desempenhará sua missão diretamente ou por intermédio de subsidiárias e/ou de parcerias. Porém, no desempenho de sua missão, observará as normas emanadas dos órgãos que tratam das atividades de aviação civil e de controle do espaço aéreo.

Os aeroportos de Brasília, Viracopos e Galeão foram concedidos á iniciativa privada. O Aeroporto de Brasília foi concedido ao Consórcio Inframérica, Guarulhos concedido ao Consórcio Invepar e o Consórcio Aeroportos Brasil foi o vencedor pela disputa pelo Aeroporto de Viracopos.

Cada aeroporto concedido é administrado por uma Sociedade de Propósito Específico (SPE), uma nova empresa formada pelo consórcio vencedor do leilão, em sociedade com a Infraero, que detém 49% da sua participação acionária. Como acionista relevante, a Infraero participará das principais decisões da companhia acompanhada pela SAC.

A INFRAERO administra atualmente 63 aeroportos, responsáveis pela movimentação de 67% do total de passageiros do país e 34 terminais de carga aérea.

Os dividendos oriundos de participação acionária nos três aeroportos concedidos serão utilizados para investimentos nos outros aeroportos da rede. Os recursos arrecadados com o leilão serão recolhidos para o Fundo Nacional de Aviação Civil (FNAC) em parcelas anuais, corrigidas pelo IPCA, de acordo com o prazo de concessão de cada aeroporto.

Além do valor da outorga os concessionários também recolherão anualmente uma contribuição variável ao sistema de 2% sobre a receita bruta da concessionária do aeroporto de Brasília, 5% de Viracopos e 10% de Guarulhos. Toda arrecadação será direcionada ao Fundo Nacional de Aviação Civil – FNAC ,administrado pela SAC que vai destinar recursos a projetos de desenvolvimento e fomento da aviação civil.

Fundo Nacional de Aviação Civil – FNAC

Destina os recursos para o sistema de aviação civil com o objetivo de desenvolver e fomentar o setor de aviação civil e as infraestruturas aeroportuária e aeronáutica civil, conforme previsão da Lei nº 12.462, de 4 de agosto de 2011, alterada pela Medida Provisória nº 551, de 22 de novembro de 2011, convertida na Lei nº 12.648, de 17 de maio de 2012, regulamentada pelo Decreto nº 8.024, de 4 de junho de 2013.

Está inserido no âmbito do FNAC o Programa Federal de Auxílio a Aeroportos (PROFAA), que tem por finalidade aplicar recursos em construção, reforma e reaparelhamento dos aeroportos de interesse regional e estadual.

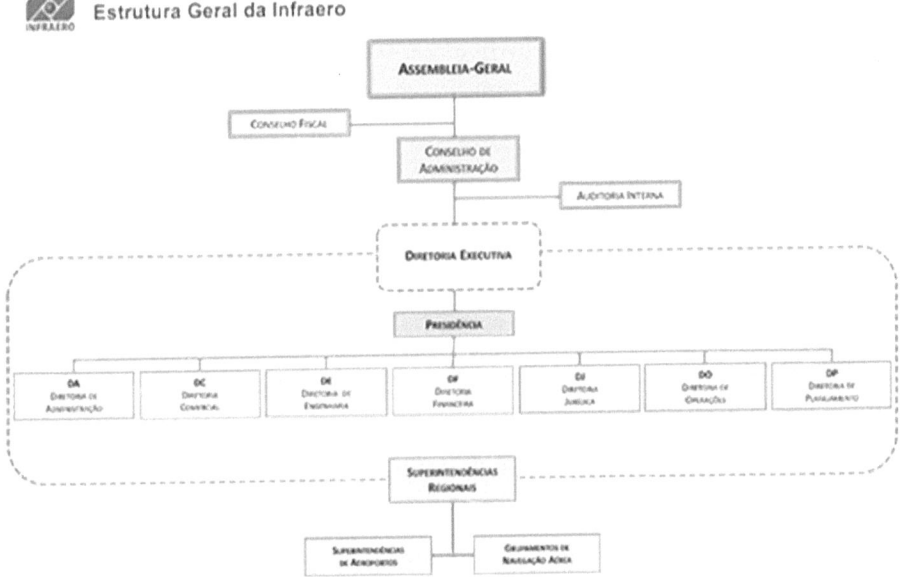

A INFRAERO tem presidência e sete diretorias: administração, comercial, engenharia, financeira, jurídica operações e planejamento.

As superintendências regionais são divididas em duas áreas que são: Superintendência de Aeroportos e Superintendência de Navegação Aérea.

2. A Economia Brasileira e seu Novo Ciclo de Investimentos
2.1 • Novo Ciclo de Investimentos no Brasil

O Brasil é a 7ª economia do mundo com Produto Interno Bruto - PIB de R$ 4 trilhões. É consenso entre empresários e os governos federal, estadual e municipal quanto à urgência de corrigir a rota da infraestrutura e da logística em função das demandas do país.

Precisamos poupar e investir mais para crescer.

O Brasil está claramente investindo menos que o necessário em Infraestrutura Nos anos 70, o país chegou a investir mais de 4% do PIB por ano. Este número caiu nos anos 80, mas, desde a privatização do setor telecomunicações em fins dos anos 90, os investimentos em infraestrutura subiram ao patamar de 3% do PIB. Desde 2002 o percentual de investimento em infraestrutura cedeu para uma média de 2,1% do PIB anual, mesmo com a adoção de programas como PAC, PIL e início das PPPs.

Entre 2011 e 2012, o Brasil conseguiu elevar seu investimento em infraestrutura para 2,3% do PIB. Para isto, contou com a forte oferta de capitais internacionais, com os marcos regulatórios criados desde os anos 90 e a experiência acumulada em concessões e PPPs.

Em 2014 a projeção é de que o investimento brasileiro em infraestrutura, tanto público quanto privado, será de R$104 bilhões, o que corresponde a 2,0% do PIB.Nesta projeção foram considerados os investimentos de capital nos setores de transportes (rodoviário, ferroviário, aéreo e aquaviário), energia elétrica (geração, transmissão e distribuição), telecomunicações (fixas e móveis) e saneamento básico (água e esgoto).

Uma parte do investimento em infraestrutura vem de fontes externas..

O setor de transportes, entretanto, apresenta uma tendência crescente em termos de recebimento de Investimento Externo Direto - IED, o que reflete a maior ênfase desse programa nos programas do governo, ao contrário do setor de telecomunicações que, salvo elevação pontual, apresenta tendência de arrefecimento.

O Brasil investiu muito pouco em infraestrutura no decorrer dos últimos anos. Pode-se dizer que é uma atitude histórica. Dois grandes desafios. Um dele é o de vencer largas distâncias em função das plataformas petrolíferas em alto-mar. Isso vai requerer logística para o transporte de pessoas para plataformas que se encontrarão a mais de 300 quilômetros da costa..

A outra equação diz respeito à produção de alimentos no mundo, que crescerá 70% até 2050. O Brasil aumentará sua produção em 40% até 2019, segundo estudos da Organização das Nações Unidas para Agricultura e Alimentação (FAO).

O Brasil tem a quinta maior malha rodoviária do mundo, mas somente 15% encontram-se pavimentada e 58% em estado deplorável.

A demanda dos portos sofre reflexos do cenário global. Na costa brasileira chegam navios prioritariamente da Ásia, mas, já em 2015, haverá a quebra deste paradigma devido às obras de ampliação do Canal do Panamá, que encurtará distâncias e solicitará mais dos portos do Norte e do Nordeste.

. O Programa de Investimentos em Logística, tem gastos estimados em R$240 bilhões em 5 anos e seu objetivo é reduzir o custo de produzir no país. Hoje, produzir no Brasil custa 23% mais caro do que produzir nos EUA. Também temos custos maiores que todos emergentes como China, México, Índia e Rússia.

Há expectativa sobre a participação de empresas chinesas nos leilões de concessões, especialmente na área ferroviária e hidroviária. A China Railway Construction Corporation (CRCC) formalizou termo de acordo com a empreiteira brasileira Camargo Corrêa para estudar a formação de consórcios para disputar leilões de concessões de trechos de ferrovias.

.

2.2 O desafio da infraestrutura

O Brasil necessita e tem condições de elevar o investimento público e privado em infraestrutura para o patamar de 4% do PIB, o que significa investir mais 100 bilhões de reais anuais. Para tanto, é preciso destravar os programas de Concessões e PPPs e contar com a participação do setor privado, pois o setor público não possui capacidade operacional e eficiência na execução desses projetos. Assim, é essencial corrigir os motivos do fraco desempenho dos investimentos em infraestrutura dos últimos anos:

- -O ativismo governamental, manifestado, na definição de taxas internas de retorno relativamente baixas nos leilões de concessões:
- Indicações políticas descabidas nos quadros das agências reguladoras
- Imposição de participação central de estatais em consórcios que disputam concessões, caso da INFRAERO nas concessões de aeroportos e da VALEC nas ferrovias.
- Por fim, a nova matriz macroeconômica elevou sensivelmente os riscos na definição de preços administrados e das taxas de inflação, juros e câmbio, o que afeta diretamente a disposição de se investir em longo prazo.

O modelo atual faliu e precisa ser inovado. Para tanto, novas políticas serão necessárias, modificando o que não funcionou na modelagem e regulamentação de concessões e PPPs, recuperando a relevância das agências reguladoras e reduzindo o intervencionismo estatal na cena econômica.

2.3 Custo do gargalo na infraestrutura de transportes

Segundo a Fundação Dom Cabral calcula em R$ 80 bilhões, por ano, o valor que as empresas brasileiras perdem com a falta de condições de estradas, de malhas ferroviárias compatíveis com o tamanho do País, e de portos arcaicos. Os gastos adicionais das empresas com transporte de cargas é da ordem de 12% do PIB.

As principais causas dos gargalos logísticos :
- gastamos pouco e mal;
- é preciso estabelecer patamar mínimo de investimento para corrigir distorções;
- a dificuldade de deslocar nossa produção influi na composição do nosso custo e preço;
- há necessidade de investir em meios de transportes baratos, como ferrovia e hidrovia;
- 70% das estradas brasileiras estão ruins e mal sinalizadas;
- tudo isso afeta: produção, custos, gastos com saúde e qualidade de vida.

3. Sistema de Transporte
3.1 Histórico

A malha viária brasileira está baseada no transporte rodoviário. O Brasil tem um problema histórico. Foi dada especial atenção na construção de estradas nos governos de Getúlio Vargas e Juscelino Kubitschek. O Automóvel era símbolo de modernidade no transporte e a Ideia era criar uma rede de transporte rodoviário ligando todo o País. Por vários anos, os investimentos públicos priorizaram o setor rodoviário de carga.

Na década de 20, o lema do Presidente Washington Luiz era "Governar é abrir estradas", e bem representava a histórica priorização dos investimentos públicos no desenvolvimento da infraestrutura rodoviária. O setor rodoviário se desenvolveu, portanto, em um paradigma de forte subsídio de sua infraestrutura, aumentando uma consequente falta de conhecimento a respeito das vantagens e desvantagens de outros meios de transportes.

3.2 Importância

As estradas são importantes, mas cada tipo infraestrutura atende a uma demanda diferente. As rodovias atendem curtas distâncias e as ferrovias, grandes distâncias. Precisamos de uma rede ferroviária, associada a uma malha hidroviária e de cabotagem que conecte o Brasil. Hoje, a maior parte da rede ferroviária está concentrada no Sul e no Sudeste. No Norte, temos regiões sem estradas e sem ferrovias, onde o transporte é complicado, mas coincide com os fluxos logísticos mais necessários para o escoamento da produção das fronteiras agrícolas.

Cresce no Brasil, a produção e o consumo em diferentes locais e se faz necessário um sistema de transporte e comunicação rápido e eficaz que possibilita o escoamento seguro e econômico da produção.

3.3. MATRIZ DE TRANSPORTES

Matriz de Transporte do Brasil

Apesar das transferências de carga da rodovia para a ferrovia, nos últimos anos, a matriz de transporte do Brasil, mostra o desequilíbrio existente entre os diferentes modais e aponta a necessidade de readequações.

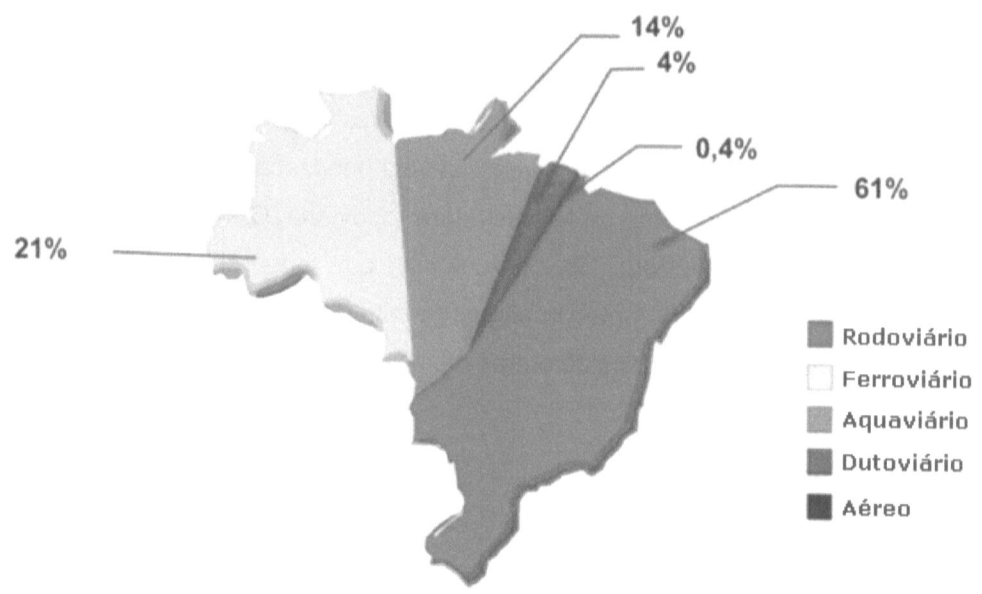

Fonte: CNT, julho, 2014

A matriz de transporte brasileira, fortemente apoiada no modal rodoviário, gera alto impacto na economia do país:

- Custo operacional alto gerando preço final ao consumidor mais alto (maior consumo de combustível),
- Custos de manutenção;
- Impacto ambiental;
- Emissão de poluentes (alterações climáticas e efeito estufa);
- Congestionamento de tráfego;

- Altos gastos públicos em conservação de estradas, deterioradas pelo elevado movimento de cargas.

Os EUA têm a maior rede ferroviária do mundo em extensão, 226 mil quilômetros. Além de recortar todo o território, as ferrovias americanas foram planejadas com uma logística inteligente, que permite a comunicação com os demais modais. Os EUA também têm uma excelente rêde de rodovias, planejadas para que o motorista possa passar por todos os estados sem grandes interrupções ou reduções de velocidade. As estradas estão sempre bem conservadas e são seguras.

A malha rodoviária brasileira é um vigésimo da americana. Porém, em países continentais similares ao Brasil, a matriz de transporte se encontra mais equilibrada entre os diversos modais, como se pode observar na Rússia, Canadá e no próprio EUA.

3.4 Comparativo da Matriz de Transportes : Canadá, EUA , Rússia, Brasil

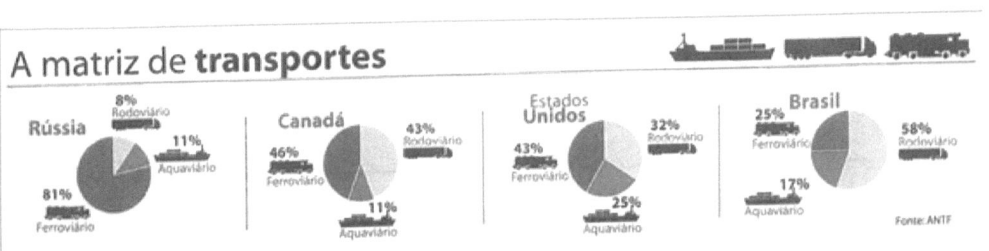

Fonte : ANTF, 2014

3.5 Comparativo entre Estradas e Ferrovias dos EUA. China, Canadá, Brasil e México, em KM.

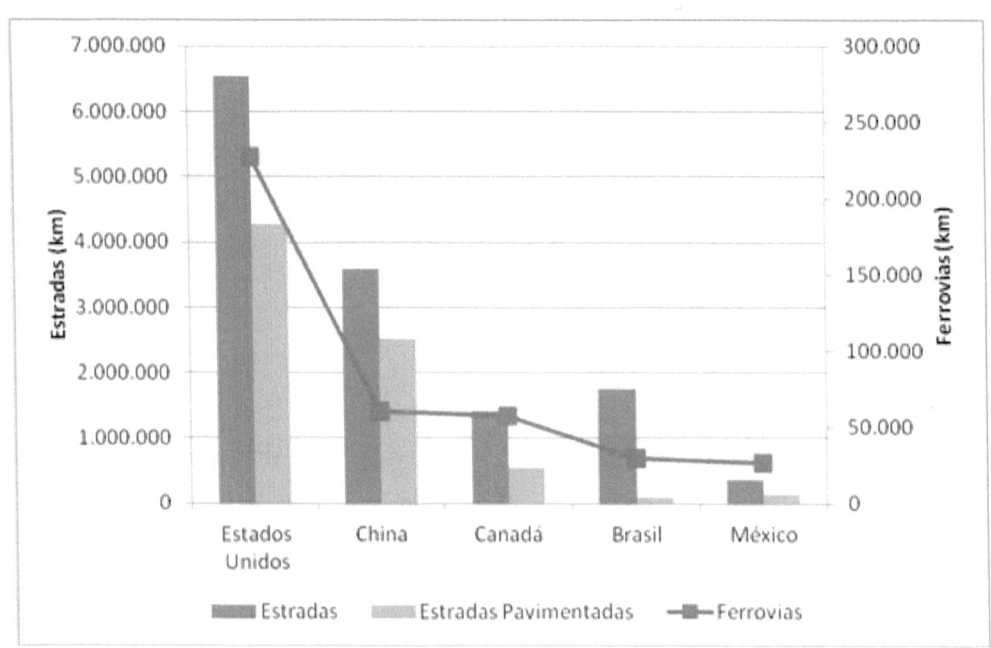

4. PRINCIPAIS POLÍTICAS DE TRANSPORTES

O desenvolvimento do setor de infraestrutura é primordial para a integração de um país de dimensão continental. Para que haja a melhoria das condições de transportes, é necessário um maior comprometimento em definir políticas públicas e planejamentos mais claros, melhores definidos e específicos para cada modal, priorizando as parcerias público-privadas.

PRINCIPAIS POLÍTICAS DE TRANSPORTE:

- Programa de Investimentos em Logística: Rodovias e Ferrovias;
- Programa de Investimentos em Logística: Portos;
- Programa de Investimentos em Logística: Aeroportos;
- Plano Nacional Logística de Transportes – PNLT;
- Plano Nacional de Integração Hidroviária;
- Plano Nacional de Logística Portuária – PNLP.
- TAV: Trem de Alta Velocidade

4.1 Programa de investimentos em Logística: Rodovias

. **Rodovias:** Duplicar os principais eixos rodoviários do país

- BR 101 – BA;
- BR 262 – ES/MG;
- BR 153 – TO/GO – TRIUNFO;
- BR 050 – GO/MG;
- BR 163 – MT – INVEPAR;
- BR 163 – MS - Grupo CCR;
- BR 262 – MS - TRIUNFO.
- BR 267 – MS;
- BR 060 – DF/GO – TRIUNFO;
- BR 153 – GO/MG;

- BR 262 – MG;
- BR 116 – MG; e
- BR 040 – DF/GO/MG – INVEPAR.

Seis rodovias foram concedidas:

- Grupo CCR: venceu o leilão da BR 163/MS assegurando por 30 anos o direito de operar toda a infraestrutura e o serviço público de recuperação, conservação, manutenção, implantação de melhorias e a ampliação da capacidade da rodovia BR-163/MS. O lance no leilão, foi dado por meio da Companhia de Participações em Concessões (CPC), que representa o Grupo CCR.

- Triunfo Participações e Investimentos : foi vencedora do leilão para a concessão do lote de trechos das rodovias BR-060, BR-153 e BR-262 no Distrito Federal, Goiás e Minas Gerais.

- INVEPAR: tem como sócios os fundos de pensão Petros e Funcef, um fundo de investimento do Banco do Brasil e o grupo OAS , venceu o leilão de concessão da rodovia federal BR-040 (DF/GO/MG),

- Grupo Odebrecht S/A : venceu o leilão do trecho da BR-163, em Mato Grosso.

Investimentos previstos em rodovias:

- R$ 42 Bilhões e 7, 5 Km , sendo R$ 23,5 Bilhões de investimentos em 5 anos e R$ 18,5 Bilhões em 20 anos.

Lotes de concessão:

- Lote 1 - BR 116 – MG e BR 040 – MG/GO/DF;
- Lote 2 - Demais concessões – 7 lotes.

Modelo de Concessão das Rodovias

- Investimentos concentrados nos primeiros 5 anos de concessão: duplicações, contornos, travessias e obras de arte;
- Seleção de concessionário pela menor tarifa de pedágio;
- Tráfego urbano não será pedagiado;
- Pedágio será cobrado quando 10% das obras estiverem concluídas.

Financiamento de Rodovias
- Juros: TJLP + até 1,5%;
- Grau de alavancagem: 65% até 80%;
- Carência: até 3 anos;
- Amortização: até 20 anos.

4.2 Programa de Investimentos em Logística : Ferrovias

Consiste em reestruturar o modelo de investimento e exploração das ferrovias, expandir e aumentar a capacidade da malha ferroviária tendo como objetivos:
- Resgate de ferrovias como alternativa logística;
- Quebra do monopólio na oferta de serviços ferroviários;
- Redução das tarifas.

Investimentos em Ferrovias:
- Ferroanel SP – Tramo Norte;
- Ferroanel SP – Tramo Sul;
- Acesso ao Porto de Santos;
- Lucas do Rio Verde – Uruaçu *
- Uruaçu – Corinto – Campos;

- Rio de Janeiro – Campos – Vitória;
- Belo Horizonte – Salvador;
- Salvador – Recife;
- Estrela d'Oeste – Panorama – Maracaju;
- Maracaju – Mafra;
- São Paulo – Mafra – Rio Grande;
- Açailândia – Vila do Conde;

- O trecho CAMPINORTE/GO–AGUA BOA/MT–LUCAS DO RIO VERDE/MT apresenta 901 km de extensão, esse trecho da Ferrovia Transcontinental escoará a produção de grãos (soja e milho) do centro norte do estado de Mato Grosso, maior região produtora de soja do Brasil (o correspondente a 10% da produção mundial desse grão), em direção aos principais portos do país.

Trecho Campinorte /GO – Agua Boa/MT–Lucas do Rio Verde/MT ,
Trecho da Ferrovia de Integração

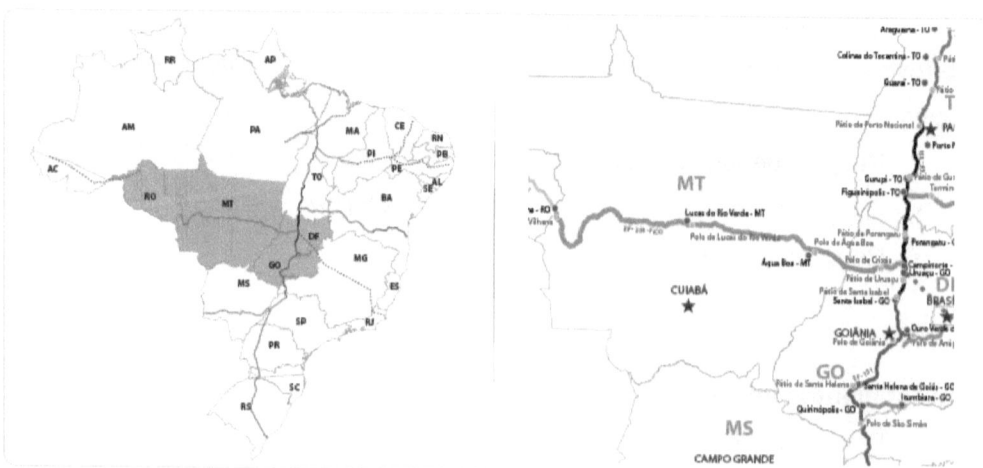

Investimentos em ferrovias: R$ 91 bilhões e 10 mil km.

A desconfiança do setor privado interrompeu a concessão de 10 mil km de ferrovias, com investimentos previstos de R$ 56 bilhões, em cinco anos.

Modelo: PPP – Parceria Público Privada

- Tripartite: Governo, Iniciativa privada e VALEC;
- Governo contrata: construção, manutenção e operação da ferrovia;
- Iniciativa privada : construção, manutenção e operação;
- VALEC compra e vende: compra capacidade integral de transporte e vende para usuários, operadores e concessionários ferroviários;
- VALEC assegura: direito de passagem dos trens em todas as malhas.

Financiamento de ferrovias

- Juros: TJLP + até 1%;
- Grau de alavancagem: de 65% até 80%;
- Carência: até 5 anos;
- Amortização: até 25 anos.

Composição do Grupo 1: 2,6 mil km de ferrovias

- Ferroanel SP – Tramo Norte;
- Ferroanel SP – Tramo Sul;
- Acesso ao Porto de Santos;
- Lucas do Rio Verde – Uruaçu – Estrela d'Oeste – Panorama – Maracaju – Açailândia – Vila do Conde.

Composição do Grupo 2: 7,4 mil km de ferrovias

- Uruaçu – Corinto – Campos – Salvador – Recife – Rio de Janeiro – Campos – Vitória – Belo Horizonte – Salvador – Maracaju – Mafra – São Paulo – Mafra – Rio Grande.

4.3. Programa de Investimentos em Logística: Portos e Terminais

Objetivo:

Promover a competitividade e desenvolvimento da economia brasileira com o fim das barreiras á entrada de novos players, estimulo a expansão dos investimentos e modernização da infraestrutura e da gestão aeroportuária e aumento da movimentação de cargas com redução de custos .

Etapas do programa:

A. Retomada da capacidade de planejamento do setor portuário:
- Reorganização institucional sendo:
- Planejamento portuário na SEP
- Planejamento logístico integrado
- Integração das autoridades nos portos: fazendária, policial, saúde, sanitária e marinha, com a criação da CONAPORTOS. Comissão Nacional das Autoridades nos Portos.
- Plano nacional de dragagem: criação do INPOH- Instituto Nacional de Pesquisas Oceanográficas e Hidroviárias.

B. Aprimoramento do marco regulatório :
- Eliminação de barreiras à entrada:
- aumentar instalações portuárias, fazendo leilão para licitações de concessão de portos e arrendamento de terminais privados sendo utilizados:
    - ➢ Critérios para licitação de portos: maior movimentação de carga com menor tarifa;
    - ➢ Critérios para licitação para arrendamento de terminais dentro dos portos - maior movimentação de carga com menor tarifa

> Critérios para TUPs - Terminais de uso publico: chamadas e seleções.

C. **Novos investimentos :**
- Concessões ,arrendamentos e TUPs no valor estimado de R$54,2 bilhões em diversos portos com linha de financiamento com os- juros TJLP + até 2,5%, com carência de 3 anos , prazo de 20 anos e 65% do valor do financiamento.

- construção de acessos aquaviários e terrestres no valor de R$6,4 bilhões sendo R$ 3,8 bilhões em acessos aquaviários e R$ 2,6 bilhões em acessos terrestres.

4.4 Programa de Investimentos em Logística: Aeroportos

Consiste em serie de medidas para melhorar a qualidade dos serviços e a infraestrutura aeroportuária e ampliar a oferta de transporte aéreo à população.

Principais medidas

- Concessão de dois aeroportos – Galeão (RJ) e Confins (MG);
- Criação da Infraero Serviços – subsidiária da Infraero, em parceria com um operador internacional – que irá ofertar serviços de planejamento, consultoria, administração, apoio à operação, treinamento de pessoal e outros relacionados à exploração de aeroportos no Brasil e no exterior;
- Fortalecimento e ampliação da aviação regional por meio de investimentos e incentivos;
- Aprimoramento regulatório para *slots* (horários de chegadas e partidas) em aeroportos que já operam no limite da capacidade;
- Autorização para aeroportos dedicados à aviação geral.

Modêlo de Concessão

- Infraero será acionista das concessionárias com 49% do capital social como na concessão de Guarulhos, Viracopos e Brasília, Receberá dividendos dessa participação e recursos do Fundo Nacional de Aviação Civil (FNAC) para investimentos nos demais aeroportos.

Critérios para Consórcio vencedor
- O Operador deve ter experiência com processamento de mais de 35 milhões de passageiros/ ano;
- O Operador deve ter participação mínima de 25% no consórcio;
- Foram efetuados leiloes em 2013 e concedidos os aeroportos do Galeão e o aeroporto de Confins.

Aviação Regional:

Objetivos:
- Integração do território nacional;
- Desenvolvimento de polos regionais ;
- Fortalecimento do turismo;
- Garantia de acesso as comunidades da Amazônia Legal;
- Criar rede de 689 aeroportos regionais;
- Gestão dos projetos e dos investimentos através do Banco do Brasil;
- Modêlo padronizado de aeroporto: pequeno, médio e grande;
- Parceria para gestão dos aeroportos com estados e municípios;
- Concessão administrativa.

Investimento em Aeroportos Regionais

Os investimentos previstos em aeroportos regionais são de R$ 7,3 bilhões, para 270 aeroportos , na primeira fase, distribuídos da seguinte forma:

- Região Norte - R$ 1,7 bilhão: 67 aeroportos;
- Região Nordeste -R$ 2,1 bilhões: 64 aeroportos ;
- Região Centro-Oeste - R$ 924 milhões: 31 aeroportos;

- Região Sudeste - R$ 1,6 bilhão: 65 aeroportos;
- Região Sul - R$ 994 milhões: 43 aeroportos.

Plano Geral de Outorgas para Aviação Regional – PGO

O Plano Geral de Outorgas – PGO faz parte do Programa de Aviação Regional, que prevê, ainda, investimentos de R$ 7,3 bilhões em infraestrutura e subsídios para empresas que operam voos regionais. O PGO apresenta as diretrizes para que a SAC defina quem é o administrador mais adequado para a gestão de cada aeroporto. O objetivo é garantir que o gestor esteja adequado às necessidades e às características particulares dos aeródromos. O PGO foi elaborado com o objetivo de melhorar o atendimento e a oferta de voos nesses terminais.

A gestão dos aeroportos estratégicos será dada, prioritariamente, aos estados. Mas, para isso, os governos deverão demonstrar capacidade técnica, administrativa, orçamentária e de planejamento para a manutenção. Subvenção econômica para aviação regional deverá contar com R$ 1 bilhão anualmente.

Pelas novas regras, municípios somente poderão pleitear a administração de aeroportos regionais estratégicos - que são definidos a partir de critérios como localização geográfica, características socioeconômicas, acessibilidade e potencial turístico - se tiverem PIB anual acima de R$ 1 bilhão. Mas, para isso, será avaliada a capacidade técnica da manutenção do terminal. Também existe a possibilidade de a gestão ocorrer por meio de consórcio entre cidades localizadas numa mesma região, caso o PIB somado dos municípios seja superior a esse valor.

Também, estados e municípios poderão conceder os aeródromos à iniciativa privada, desde que apresentem condições técnicas para acompanhar e fiscalizar os contratos de concessão. Se administrações estaduais e municipais não tiverem condições ou interesse em permanecer com a responsabilidade sobre a administração de algum aeroporto, a gestão passará para a União.

As licitações para a primeira fase de aeroportos regionais devem estar no mercado brevemente. O foco das licitações serão as obras de melhoria ou ampliação da infraestrutura dos terminais.

A definição do primeiro grupo de aeroportos dependerá da velocidade da certificação ambiental pelos órgãos ambientais estaduais, pré-requisito para a realização das obras, Mas esses aeroportos têm que passar por uma análise do órgão ambiental estadual..

O novo plano de aviação regional, anunciado semana passada, prevê investimentos de cerca de R$ 7 bilhões em 270 aeroportos, a maior parte deles hoje administrados por estados e municípios.

Após a licitação das obras, alguns terminais poderão mudar de mãos. Uma possibilidade é que sejam feitas parcerias público-privadas. Um novo plano de outorgas foi anunciado com os parâmetros para que estados e municípios possam ser operadores aeroportuários.

1.5 Plano Nacional de Integração Hidroviária - PNIH

O Plano Nacional de Integração Hidroviária - PNIH, lançado no dia 19 de fevereiro de 2013, foi concebido pela Agência Nacional de Transportes Aquaviários (ANTAQ) visando dois objetivos:
- elaborar estudo detalhado sobre as hidrovias brasileiras e
- indicar áreas propícias para instalações portuárias.

Para atingir ao primeiro objetivo, idealizou-se o projeto intitulado "Desenvolvimento de Estudos e Análises das Hidrovias Brasileiras e suas Instalações Portuárias com Implantação de Base de Dados Georreferenciada e Sistemas de Informações Geográficas".

Um dos objetos do PNIH, foi analisar diferentes cenários logísticos, buscando avaliar a criação de terminais hidroviários e alternativas de escoamento utilizando as hidrovias nacionais, inserida à matriz de transporte brasileira, a partir de trechos hidroviários já navegados na atualidade ou potencialmente navegáveis.

Em suma, são apresentados, para seis bacias hidrográficas, a potencialidade de utilização do modal hidroviário, terminais e vias, para o transporte de cargas, delimitados pelos cenários de 2015, 2020, 2025 e 2030.

Análise das seis principais bacias hidrográficas:
Aponta a demanda e indica onde é possível construir novos terminais, mas também em que pontos há a necessidade de expandir os já existentes, com projeções econômicas até 2030.

As 6 principais bacias hidrográficas:
- Bacia Amazônica
- Tocantins-Araguaia;
- São Francisco;
- Paraná-Tietê;
- Paraguai; e
- Amazônica.

4.6 Plano Nacional de Logística Portuária – PNLP :

O Plano Nacional de Logística Portuária é mais completo estudo sobre o setor portuário do Brasil. Foram elaborados Planos Mestres para 14 portos com a análise dos aspectos de operação, gestão e infraestrutura portuária, com o intuito de revelar suas restrições e potencialidades, bem como identificar seus gargalos operacionais. Das análises decorrem planos de ação estruturados porto a porto nos quais constam os investimentos e iniciativas fundamentais para que os portos possam atender sua demanda com bons níveis de serviço e contribuir para o desenvolvimento do sistema logístico nacional.

Foram desenvolvidos Planos Mestres para : Porto do Rio Grande, Porto de Itajaí, Porto de Paranaguá, Porto do Rio de Janeiro, Porto de Itaguaí, Porto de Vitória, Porto de Salvador, Porto de Aratu, Porto de Suape, Porto do Mucuripe, Terminal Portuário do Pecém, Porto do Itaqui, Porto de Vila do Conde e Porto de Santarém, e a atualização do Plano de Mestre do Porto de Santos.

4.7 . Plano Nacional Logística de Transportes - PNLT

O Plano Nacional de Transportes – PNLT, elaborado em 2006/2007; apresenta diretrizes para o setor de transporte, no horizonte: 2023- 2040; sendo orientado para multimodalidade; enfoca aspectos logísticos; e contempla projetos logísticos.

As 10 ideias-força do PNLT - sintetizam as seguintes diretrizes:

- Planejamento nacional;
- Plano para Estado e não Plano de Governo;
- Continuidade, como processo permanente de planejamento, no Ministério de Transporte;
- Atrelado a visão de desenvolvimento econômico de médio / longo prazo;
- Planejamento federal de transportes, mas de caráter nacional e federativo;
- Orientado para multimodalidade e racionalidade da matriz de transportes;
- Enfoque considerando fatores logísticos;
- Readequação das estruturas de planejamento do setor federal de transportes;
- Compromisso com meio ambiente.

Previsão de Investimentos até 2022: R$410 bilhões (12 anos) no PNLT:

- Transporte rodoviário: R$ 200 bilhões;
- Transporte ferroviário: R$ 130 bilhões;
- Transporte aeroviário: R$ 20 bilhões;
- Transporte aquaviário: R$ 60 bilhões.

4.8 . TAV – Trem de Alta velocidade

O Brasil deverá ser pioneiro na implantação do trem de alta velocidade nas Américas, um modelo de sistema de transporte que tem sido objeto de análise no País nos últimos 30 anos. Em julho de 2011, o governo realizou, na sede da BM&F Bovespa, o leilão do trem de alta velocidade para ligar as cidades de Campinas, São Paulo e Rio de Janeiro.

Como o processo não foi concretizado pela ausência de propostas, o governo dividiu a licitação em duas etapas. Pelo novo modelo, investidores terão participação de 55% na Sociedade de Propósito Específica (SPE), a ser formada, em conjunto, com a Empresa de Planejamento e Logística. A participação da EPL na operação do trem será de 45%.

A EPL dará início aos estudos de novas vias para trens de alta velocidade entre as cidades:

- Belo Horizonte - São Paulo
- São Paulo - Curitiba
- Campinas - Triângulo Mineiro

Projeto que ligará Campinas – SP – Rio.

O Trem de Alta Velocidade (TAV) é um serviço de transporte ferroviário de passageiros que irá ligar as cidades do Rio de Janeiro, São Paulo e Campinas. O TAV representa um novo marco tecnológico para o País ao inaugurar um sistema de transporte que irá oferecer aos passageiros, a preços competitivos, qualidade, conforto, segurança e rapidez nas viagens.

O projeto, que terá investimentos, a preços de 2008, de R$ 35,6 bilhões (entre planejamento executivo e obras de infraestrutura, sistemas e trens), vai reduzir a pressão exercida pelo crescente deslocamento de passageiros nas rodovias e aeroportos. A ANTT é o órgão responsável pelo processo de licitação para a concessão da exploração do serviço à iniciativa privada.

Trajeto previsto para TAV entre Campinas (Viracopos) e Rio de Janeiro (Galeão)

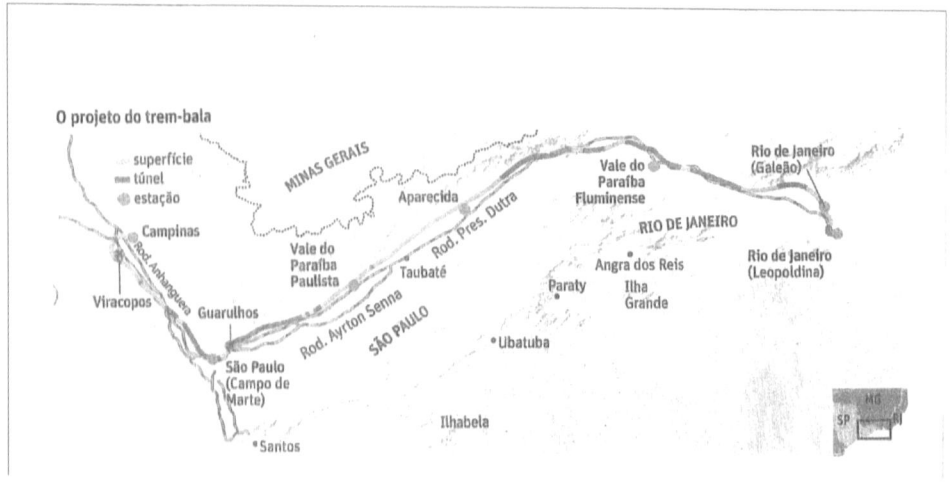

Fonte : EPL, 2013

Caberá à Empresa de Planejamento e Logística (EPL):
- Acompanhar a elaboração de estudos de viabilidade técnica e de engenharia que anteciparão a fase de implementação;
- Atuar como sócia na concessão do TAV, garantindo a absorção e difusão de novas tecnologias. De acordo com o edital, a EPL passa a ter participação de 45% na Sociedade de Propósito Específico (SPE), formada com o consórcio ou empresa vencedora do leilão;
- Coordenar, executar, fiscalizar e administrar obras de infra e superestrutura;
- Administrar e explorar o patrimônio relacionado ao TAV, quando couber;
- Promover a certificação de conformidade de material rodante, infraestrutura e demais sistemas a serem utilizados com as especificações técnicas de segurança e interoperabilidade do setor;
- Promover a desapropriação ou instituição de servidão dos bens necessários à construção e exploração de infraestrutura;
- Administrar os programas de operação da infraestrutura ferroviária de alta velocidade nas ferrovias outorgadas à EPL;
- Obter licenciamento ambiental.

5. Conceitos Estratégicos em Logística e Transportes

5.1 Logística

É planejar, implementar e controlar o fluxo e a armazenagem de matérias primas, estoques em processamento e estoques de produtos acabados; informações visando eficiência e eficácia do ponto de origem até o ponto de consumo; com o objetivo de satisfazer os clientes.

(CSCMP)

O que é CSCMP?

O CSCMP - Conselho de Profissionais de Gestão da Cadeia de Abastecimento, fundado em 1963, é uma associação profissional mundial dedicada ao avanço e disseminação de pesquisas e conhecimento sobre a gestão da cadeia de suprimentos. Com mais de 8.500 membros que representam todos segmentos da indústria, governo e academia de 67 países, os membros CSCMP são os principais praticantes e autoridades nas áreas de logística e *Supply Chain Management*. A organização é liderada por um grupo eleito de funcionários globais com sua sede localizada em Lombard, Illinois, EUA.

Logística é também:

- Mercadorias certas:
- Cheguem ao lugar certo;
- No momento certo;
- Pelo custo certo;
- Em condições certas.

5.2 Logística integrada

A Logística integrada consiste em integrar as seis funções logísticas; Objetivo: criar valor para o cliente.

***Trade- off*:**: Pela troca constante de informações entre as funções logísticas, cria valor para o cliente.

Aumentar o nível de serviços em logística acarreta aumentar os custos logísticos de forma acelerada. Com o aumento de custos, reduz-se o valor receitas, decrescendo o lucro. Há, assim, do ponto de vista estritamente econômico, uma situação de lucro máximo, que indica um nível de serviço determinado. O nível de serviço de um sistema logístico pode ser dimensionado em função deste ponto de máximo lucro, mas deve ser avaliado se se trata de um nível de serviço aceitável para manter mercado.

Outro *trade-off* típico em logística trata do tipo de modal de transporte e os custos de estoques. Modal de transportes significa, neste contexto, velocidade de entrega. Custos de estoques significam custos financeiros de estoques, ou seja, o custo do dinheiro. Para modaís mais rápidos, menores são os custos de estoques equivalentes. Presume-se haver, para cada aplicação, uma faixa ótima de modais que possam indicar custos de estoques razoáveis, para que a principal função do estoque seja permitida..

Os estoques existem para proteger os sistemas produtivos que antecedem, quer sejam unidades de transformação, ou até mesmo os mercados consumidores que alimentam. Assim, são comparados os custos para manter estoques (custos financeiros, de armazenagem, preservação, movimentação, etc.) com o possível custo da falta. de um sistema.

Os *trade-off* em logística são elementos que devem ser tratados de forma global.

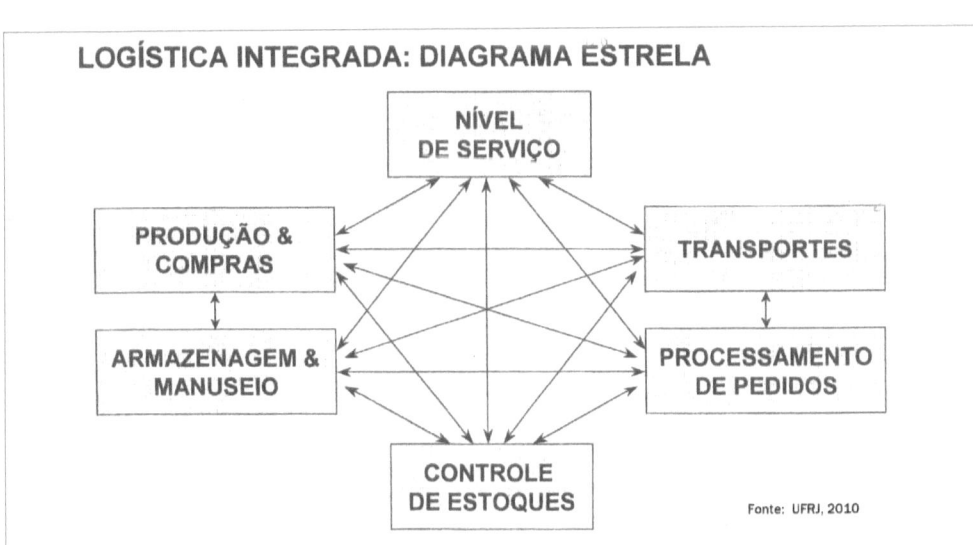

Fonte : UFRRJ, Logistica Empresarial, 2010

5.3 Integração Logística X Marketing

Existe uma grande integração entre Logística e Marketing Essa integração acontece no Mercado; a Ponte entre Mercado e Logística: acontece em Nível de Serviço.

Logística empresarial: integra as seis funções logísticas:
- Nível de serviço,
- Transportes,
- Processamento de pedidos,
- Controle de estoques,
- Armazenagem e manuseio,
- Produção e compras.

5.4 Princípios da Logística

Os princípios da Logística integrada :

- Vender ao cliente um pacote de serviços /benefícios;
- Criar informação e integrá-la;
- Substituir transporte e estoque por informação;
- Simplificar operações: mais passos significam mais custos e maior variação de tempo;
- Administrar picos, reduzir flutuações, atender cliente na sua necessidade;
- Girar estoque com velocidade – estoque é capital imobilizado;
- Adiar ao máximo as características finais dos produtos;
- Terceirizar atividades e flexibilizar operações.

5.5. Operador logístico:

- É o prestador de serviços, de atividades logísticas;
- É o fornecedor de serviços logísticos que gerencia todas as atividades logísticas ou parte delas, agregando valor ao produto, e que tenha

competência para prestar, no mínimo, três atividades básicas: controle de estoque, armazenagem e gestão de transportes (ABML);
- É a terceirização de serviços logísticos executados de maneira coordenada e integrada.

5.6. Classificação das atividades logísticas

Algumas atividades logísticas podem ser :

- Logística de suprimentos (inbound) ou de entrada
- Logística de distribuição (outbound), ou de saída;
- Transporte de produtos ;
- Armazenagem de produtos;
- Manuseio, embalagem, identificação, composição de kits;
- Operações industriais, como montagem final e teste de qualidade;
- Operações comerciais, como recebimento de pedidos, pagamentos etc.;
- Administração de estoque, rastreamento de veículos , e outras.

5.7 Transporte Intermodal
- Transporte de mercadoria por duas ou mais modalidades de transporte, utilizando um ou vários documentos;
- Pode acontecer que uma mercadoria é transportada por um único veículo, capaz de utilizar dois ou mais modais de transporte;
- Vários transportadores X vários documentos;
- Exemplo de operação intermodal:
- O Terminal Intermodal de Pirapora, construído pela Vale/FCA, começou a operar em 2009, depois da reativação do ramal ferroviário que liga Pirapora a Corinto e que promove a Exportação de Soja , milho / etanol pelo porto de VITÓRIA. (MG- Silos e armazéns). É um caso de Integração rodoferroviária e marítima.
A maior eficiência é resultado de uma "pêra" ferroviária – trecho de linha com formato semelhante ao da fruta, também conhecido como reverse

loop – que praticamente elimina a necessidade de manobras para embarque de carga no pátio.

O Noroeste de Minas ocupa posição de destaque na produção de milho e soja no Estado. No caso do milho, a produção da região será de 12% da produção mineira do grão. Já a soja deve alcançar, no Noroeste, uma safra de 926,8 mil toneladas, cerca de 32% da produção estadual.

5.8. Transporte Multimodal

- É o transporte de mercadorias por veículos diferentes em duas ou mais modalidades, utilizando um único documento de transporte e um único operador de transporte multimodal (OTM);
- É do transportador: toda responsabilidade pelo transporte porta-a-porta;
- Toda responsabilidade pelo transporte sob um único operador logístico;
- Emissão do CTMC – Conhecimento de Transporte Multimodal de Cargas. .

5.9. Operador de Transporte Multimodal – OTM

- Base legal: Lei nº 9.611 de 19 de fevereiro de 1998;
- Objetivo: melhorar a qualidade e produtividade dos transportes;
- Executa operação não segmentada – serviço porta-a-porta.
- Pessoa Juridica que realiza transporte multimodal da origem até o destino;
- Assume responsabilidade única pela execução, prejuízos, danos e avarias, atrasos entrega da carga;
- Regida por um único contrato de transporte, utilizando duas ou mais modalidades de transporte;
- Compreende: coleta, transporte, consolidação / desconsolidação, movimentação, armazenagem e entrega da carga ao cliente.

Efetivação do Operador de Transporte Multimodal – OTM

- Lei nº 9.611, de 19 de fevereiro de 1998: cria conhecimento de transporte multimodal (conhecimento único);

- Não alcançou a abrangência esperada;
- Para solucionar o problema é necessário o aperfeiçoamento da legislação do ICMS , no âmbito do CONFAZ- Conselho Nacional de Política Fazendária;
- Padrões e prazos para emissão do seguro transporte. .

5.10 Multimodal

Requisitos:
- Ser realizado por, no mínimo, dois modais;
- Único responsável – OTM;
- Único contrato de transporte;
- Seguro de transporte;
- Cargas unitizadas e indivisíveis no transporte;
- Inspeções fiscais apenas na origem e no destino.

Multimodalismo

Vantagens
- Contratos mais adequados de compra e venda;
- Facilidade na negociação do transporte;
- Único transportador;
- Facilidade logística;
- Redução de custos;
- Melhor utilização da infraestrutura para atividades de apoio e movimentação;

- Otimização dos modais ,com redução de acidentes, custos de combustível, congestionamentos e espera .

Entraves
- Seguros: apólice única para cobrir responsabilidade civil do OTM;
- Tributação do ICMS;
- Transporte internacional : falta de acordo e convenções sobre tema.

5.11 Intermodal

- "É movimento de bens em uma única unidade de carregamento, que usa sucessivos modais sem manuseio dos bens na mudança de um modal para outro"

    (*European Conference of Ministers of Transport*).

Intermodal
- "É o transporte realizado por mais de um modal, caracterizando um serviço porta-a-porta, com uma série de operações de transbordo realizadas de forma eficiente e com responsabilidade de um único prestador de serviços através de documento único"

    (*Intermodal Freight Transportation*).

5.12 . Milk Run

Significa literalmente corrida do leite e ele deriva do processo de um transportador passar em duas ou mais fazendas , retirar o leite e, em seguida, entregá-lo a uma empresa de laticínio.

Essa técnica é usada pela indústria automobilística.

O milk run é um sistema de coletas programadas de materiais, que utiliza um único equipamento de transporte, normalmente de alguma transportadora para realizar as coletas em um ou mais fornecedores e entregar os materiais no destino final, sempre em horários pré-estabelecidos. Assim, esse sistema de coleta programada de peças permite um maior controle sobre as peças realmente necessárias e utiliza uma maior frequência de abastecimento (lotes menores) com consequente redução de estoques.

Fluxo Operacional

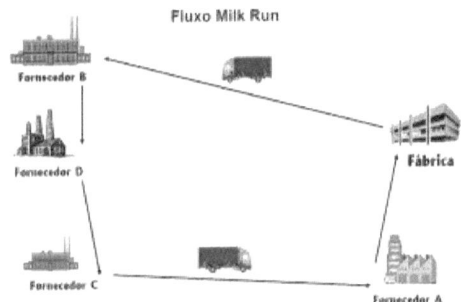

O Milk Run possibilita a redução de estoques em toda a cadeia de suprimentos. Seus obejetivos incluem: reduzir os custos logísticos; controlar os materiais que estão sendo transportados; reduzir os níveis de estoque; uniformizar o volume de recebimento de materiais; e agilizar o carregamento e o descarregamento. Já entre os seus benefícios podem ser citados: os embarques programados segundo a necessidade do cliente – uso de janelas de coleta com data, horário e quantidades pré-estabelecidas; os estoques reduzidos devido à pulverização de embarques; o nivelamento do fluxo diário de recebimento de materiais e redução do trânsito interno na fábrica; a otimização na utilização dos equipamentos de transporte, o que reduz bastante os custos associados à movimentação de materiais; a melhoria nos serviços de manuseio de materiais, possibilitado pelo uso de embalagens padronizadas e reutilizáveis e pela maior agilidade no carregamento e descarregamento dos veículos; a redução substancial nos custos de manutenção de estoques, pois o que chega dos fornecedores pode alimentar diretamente a linha de produção.

5.13 Porto Seco

Recinto alfandegado, zona secundária, uso público, implantado em zonas estratégicas para descongestionar a zona primária (portos, aeroportos, pontos de fronteira).

As operações de movimentação e armazenagem de mercadorias sob controle aduaneiro, bem assim a prestação de serviços conexos, em porto seco, sujeitam-se ao regime de concessão ou de permissão. A execução das operações e a prestação dos serviços conexos serão efetivadas mediante o regime de permissão, salvo quando os serviços devam ser prestados em porto seco instalado em imóvel pertencente à União, caso em que será adotado o regime de concessão precedida da execução de obra pública.

O porto seco é instalado, preferencialmente, adjacente às regiões produtoras e consumidoras. A prestação dos serviços aduaneiros em porto seco próximo aos agentes econômicos envolvidos proporciona uma grande simplificação de procedimentos. No porto seco são também executados todos os serviços aduaneiros a cargo da Receita Federal do Brasil, inclusive os de processamento de despacho aduaneiro de importação e de exportação.

Tipos:
- Portos Secos comuns
- Portos Secos de Fronteira
- Portos Secos Ferroviários

6. Administração de Transporte de Cargas

6.1 Importância
- Transporte é o maior custo da cadeia de abastecimento: 64%;
- O transporte define qualidade do sistema logístico.
- Transportar é transferir de um lugar para outro, utilizando um meio de transporte;
- Transporte é o deslocamento de um ponto a outro da rede logística, respeitando restrições para a integridade da carga e a confiabilidade de prazos.

6.2. Decisões importantes em Transportes
- Escolher modais de transporte a serem utilizados;
- Optar por ter frota própria ou utilizar frota de terceiros;
- Definir uma política de serviços;
- Selecionar e negociar com transportadores e fornecedores;
- Definir o que vai ser consolidado;
- Gerenciar o curto prazo: fazer contratos com transportadores e prestadores de serviços de manutenção.

6.3 Modais de Transporte e suas características

- **Rodoviário**: curtas distâncias, flexível, transporte ponta, carga plena ou fracionada, maior frequência, serviço porta-a-porta;
- **Ferroviário:** longas distâncias, lento, fixo, matérias primas,ou manufaturados de baixo valor, carga plena ou parcelada, unitizada;

- **Aéreo**: muito rápido, alto valor agregado, baixo índice de danos, próprio ou contratado;
- **Marítimo**: lento, grandes volumes, baixo valor agregado, unitizado;
- **Hidroviário**: baixo custo, longas distâncias, grandes volumes, baixo valor, unitizada, graneis ;
- **Dutoviário**: baixo custo, fixo, graneis líquidos, longas distâncias, medianamente rápido;
- **Multimodal / Intermodal**: associação de vantagens e flexibilidade, configuração ideal, custo ótimo, melhora custos de transporte das empresas.

Formas de Transporte
- Modal ou Unimodal;
- Segmentado;
- Sucessivo;
- Combinado;
- Intermodal;
- Multimodal.

Transporte Terrestre: ANTT
- Rodoviário
- Ferroviário
- Dutoviário

Transporte Aquaviário: ANTAQ
- Fluvial
- Lacustre
- Marítimo

Transporte aéreo: ANAC
- Aéreo

6.4 Brasil atrasa entregas e prazos estipulados e gera prejuízos

O Brasil é um país com grande volume de produção, mas que atrasa entregas e prazos estipulados. Esse fato representa um verdadeiro gargalo do país por onde são perdidos anualmente, em razão das péssimas condições do transporte no Brasil, especialmente nas ferrovias e portos, aumentando custos, gerando prejuízos e atrasando as entregas. Para se ter uma ideia do tamanho desse prejuízo para o povo brasileiro, além da falta de planejamento, o país gastou R$ 5,1 bilhões em 700 km de trilhos entre Palmas, no Tocantins, e Anápolis, em Goiás, mas hoje, 20 anos depois, o trem ainda não chegou. Se formos observar os portos brasileiros, a situação é tão ruim quanto. Existem filas de navios dentro e fora das baias esperando para carregar e descarregar, o que causa atrasos nas entregas e prejuízos para as empresas.

6.5 Desafios atuais do transporte de cargas

Alguns dos principais desafios do transporte de cargas:

- Exigência de entregas mais frequentes e de lotes cada vez menores;

Em função das mudanças pelos quais o mercado vem passando, a carga lotação cada vez mais perderá espaço para as cargas fracionadas Até segmentos mais resistentes ao fracionamento de cargas, como o setor químico, papel e celulose e metal mecânico tiveram que se render às novas tendências de mercado. Mudanças afetam, o transporte de cargas no Brasil A primeira, , está relacionada à diminuição do tamanho dos pedidos realizados ao longo de toda cadeia de abastecimento, envolvendo não apenas os Clientes finais, mas também os intermediários. As empresas estão priorizando o fluxo de materiais, em detrimento dos estoques, e em função disso compram menores quantidades, porém com maior frequência. Portanto, menores lotes e maior número de entregas. Outro fator I para essa mudança é a proliferação do número de itens produzidos e comercializados.

- Exigência de maior velocidade e qualidade na entrega;

Diversos sites, com a mesma credibilidade, vendem o mesmo produto, com o mesmo preço e o mesmo frete. Para que você chegue a uma decisão final é fundamental o prazo de entrega, ou quanto tempo levará para que o produto chegue a suas mãos. A vantagem da velocidade pode ser decisória no processo de compra. Inclusive, a velocidade gera valor para quem a adota como estratégia. Um apartamento na planta sempre custa menos do que um já pronto. O custo do tempo de espera mais o risco envolvido na transação são cruciais nessa relação. Um apartamento pronto atende a uma necessidade imediata e minimiza os riscos. Por isso, vale mais. Produtos de uso imediato. Como pastas de dentes devem ter tempo zero de espera. Devem estar disponíveis nas prateleiras de qualquer supermercado.

- Janelas de entrega menores;

A Tecnologia da Informação, por meio de softwares de roteirização, podem criar rotas automáticas para localização geográfica de clientes, janelas de atendimento e uma série de outras análises. O software Roadshow caracteriza o processo de roteirização com restrições de janela de tempo, por meio de uma simulação de entrega de produtos perecíveis.

- Confiabilidade para atender à demanda;

Em geral, confiabilidade é a capacidade de um sistema de realizar e manter seu funcionamento em circunstâncias de rotina, bem como em circunstâncias hostis e inesperadas. Confiabilidade é também a probabilidade de um item desempenhar uma função, sob condições especificas, de forma adequada, como previsto no projeto, durante um período de tempo pré-determinado.

- Flexibilidade de entrega para atender o cliente na sua necessidade;

Consiste na capacidade de se modificar o que já está planejado. Flexibilidade de entrega: mede a capacidade de se modificar as entregas, aumentando-as ou retendo-a. Um Jornal planejou entregar em bancas de diversos bairros. De madrugada, surge uma notícia relacionada a um desses bairros de grande interesse para esta comunidade, mas que, para outros bairros, não terá muito relevância. Desse modo, a empresa poderá atrasar um pouco sua entrega de jornais, intencionalmente, naquele bairro, até que a matéria de grande interesse para aquela comunidade tenha sido inserida. A entrega nos outros bairros poderá ser antecipada para facilitar a distribuição no bairro em questão.

- Falta de mão de obra especializada: motoristas, analistas, ajudantes etc.

O maior problema da Logística não é a infraestrutura, mas a falta de mão de obra Há necessidade desde alta gestão até motorista de caminhão. Apesar de a infraestrutura ser um problema, a escassez de profissionais afeta a todas as empresas de todos os ramos. Hoje há crédito disponível, mas só o capital não resolve, porque não basta comprar um caminhão se não tiver motorista. Hoje há cada vez mais tecnologia numa cabine e não é qualquer um que é capaz de operar um caminhão.

- Trânsito e restrições à circulação de veículos de carga nas grandes cidades (horário , tipo de veiculo , estacionamento, peso);

A prefeitura da cidade de São Paulo restringe a circulação de caminhões na Marginal Tietê e nove vias que formam o minianel viário. Segundo a CET (Companhia de Engenharia de Tráfego), esta foi a solução encontrada para forçar o transporte de cargas a utilizar o Rodoanel. Estima-se que as vias com restrição terão um ganho de 20% na velocidade média. Desta forma, a restrição valerá das 4h às 10h e das 16h às 22h.

- Risco de Roubo de Cargas e de Veículos;

O número de roubos e furtos de cargas subiu de 2,5 mil em 1994 para 32,2 mil em 2013, de acordo com estudo realizado pela GRISTEC (Associação Brasileira das Empresas de Gerenciamento de Risco e de Tecnologia de Rastreamento e Monitoramento). Por outro lado, nesse mesmo período, 563 mil tentativas de furto ou roubo foram malsucedidas por conta da aplicação de tecnologias antifurto e centrais de monitoramento. Graças aos roubos e furtos evitados entre 2005 e 2013, foram economizados R$ 26 bilhões, recurso que para embarcadores, transportadores e companhias seguradoras significa mais investimentos, criação de empregos e geração de renda. Muitas empresas desenvolvem produtos e soluções inovadoras para garantir a segurança e o desenvolvimento econômico do segmento. Mas basta apenas instalar um rastreador. É essencial elaborar desde Planos de Gerenciamento de Riscos (PGR) com rastreamento da carga a soluções logísticas completas. Tudo depende da carga que será transportada, do perfil do cliente, do trajeto e de diversos outros fatores.

- Alto custo do diesel e dos pneus;

O custo do diesel e dos pneus tem subido acima da inflação. O custo do combustível é o de maior peso na composição do frete. Entrando na área de pneus – o segundo maior custo para uma frota, excetuando a folha de pagamentos e encargos trabalhistas - identificou uma alta expressiva nos preços dos pneus de transporte

- Cumprimento à Lei do Descanso para motoristas;

A regulamentação da Lei do Descanso, estabelece que os motoristas devem descansar 30 minutos a cada quatro horas trabalhadas, além do direito a intervalo mínimo de 11 horas ininterruptas por dia. O controle do tempo de direção e descanso será aferido por tacógrafo, registrador instantâneo e inalterável de velocidade e tempo do veículo. O equipamento, obrigatório para veículos de transporte escolar, de passageiro e de carga, deve ser certificado pelo Instituto Nacional de Metrologia, Qualidade e Tecnologia (Inmetro). A legislação obriga a empresa contratante a remunerar o motorista acompanhante, mesmo que não esteja dirigindo, além de custear o tempo parado em fiscalizações e terminais de carga e descarga. Cálculos preliminares apontam para aumento médio de 30% nos preços dos fretes, pois além do aumento de custos, alegam que um caminhão hoje roda em média 10 mil quilômetros (km) por mês, e essa média deve cair para algo em torno de 7 mil km.

- Infraestrutura deficitária dos modais de transporte.

Os gargalos logísticos na área de transporte geram perdas de R$ 80 bilhões anuais para empresas..

- Formar líderes em logística

Para ser competitiva, uma organização precisa ter bons processos, controles, indicadores, boa tecnologia e Mas sem uma equipe treinada e engajada com a filosofia da empresa, os resultados não aparecerão. E nesse ponto, a liderança é fator fundamental! E nem sempre um profissional tecnicamente competente tem habilidade para liderar uma equipe. Por isso, devemos nos preocupar em formar bons líderes na Logística.

- Gerar respostas rápidas – Quick Response

É uma derivada da filosofia "Just In Time" para captar competitividade baseada no tempo de resposta de forma rápida e eficaz. Deve se aliar aos sistemas de informação para captar a demanda em um tempo próximo do real e na presença do consumidor final, estabelecendo um fluxo de informação até a produção. Os investimentos iniciais em sistemas de informação geram custos elevados mas gera um custo incremental menor com base no aumento do nível de serviço, na diminuição dos estoques, tempos de resposta, lead time e no impacto causado, quando for o caso, de um produto perecível. Na filosofia do QR, os fornecedores recebem informações recolhidos nos pontos de venda do cliente e aproveitam essa informação para sincronizar suas operações e os seus níveis de estoque com a procura real do cliente. O Quick Response surgiu no setor têxtil e de confecções nos EUA e, além da produção, também expõe choques nas operações de distribuição: os produtos já não são armazenados em centros de distribuição, mas sim movidos através de instalações de Cross Docking. Nesta nova forma operacional, os produtos podem ser embalados com etiquetas e colocados em paletes. Estas ações visam à diminuição no tempo de resposta do fluxo de produtos e, nos níveis de estoque. As empresas buscam um melhor gerenciamento do fluxo de informação ao longo das cadeias de suprimento, tendo como base a utilização da tecnologia de informação e a adoção de parcerias com participantes das cadeias, conhecida como Programas de Resposta Rápida (PRR). Serviços logísticos alicerçados na cooperação e no compartilhamento das informações da demanda do cliente com seu fornecedor.

Existem várias modalidades de programas de resposta rápida :

- ECR (Eficient Consumer Response),
- VMI (Vendor Manaded inventory,
- CPFR (Collaborative Planning ,
- QR(Quick response),
- JIT (Just in time) .

- Inovar em logística novos materiais e novos processos.

A inovação é um processo "criativo, dependente do conhecimento técnico. Em logística, a inovação deve fazer parte do processo diário. A inovação deve, necessariamente, produzir algum tipo de vantagem competitiva, em nível de serviço (entregas mais rápidas ou menores ocorrências de avarias por exemplo) ou custos (redução dos gastos com seguros de cargas por exemplo). A inovação pode ser de forma ampla, envolvendo parceiros, fornecedores e clientes, ou restrita à sua empresa, com foco interno, com inovação apenas em determinado departamento, ou outros departamentos que tenham interface com a área de logística.

Onde inova?

> Inovar em novas desenhos de cargos. Ao criar posições como Analista de Inteligência em Logística, Controller Logístico, Auditor da Qualidade em Logística, Engenheiro Logístico, a empresa está inovando em sua estrutura organizacional. Ao mesmo tempo , está especializando o funcionário ou transferindo para ele atribuições que até então não eram desempenhadas ou realizadas de forma superficial.
> Inovar em técnicas de gestão, desenvolvendo e implantando um sistema de remuneração variável para a equipe responsável pela movimentação e armazenagem de materiais, baseado em indicadores de custos, produtividade e nível de serviços.
> Inovar em novos processos que agreguem valor aos clientes internos e externos. ,
> Inovar no desenvolvimento de novos mecanismos na gestão do processo de logística reversa que acelerem o tempo de resposta ao

cliente e o retorno da mercadoria ao fluxo convencional, minimizando seu risco de furto, avaria ou obsolescência.

- Inovar em sistemas de informação. Um sistema WMS (Warehouse Management System) é uma necessidade nos Centros de Distribuição. Mas, ter um sistema único, que integre um WMS (Warehouse Management System) e um TMS (Transportantion Management System), pode ser considerado inovador. Pode-se também ter um LIS - Logistics Information System, integrando os processos de separação de pedidos, unitização de cargas, conferência, roteirização, expedição, carregamento, gerenciamento de riscos, monitoramento das entregas, e outros.
- Inovar ao realizar um estudo dos materiais e identificar estruturas mais adequadas de estocagem como um sistema porta-páletes dinâmico para itens de alto giro e volume, ou recomendar o uso de estruturas do tipo drive-in para produtos sazonais com grande volume de estocagem.
- Inovar criando área de Engenharia Logística com profissionais habilitados para rever o atual modo de operação e propor soluções inovadoras, diferenciadas daquelas adotadas pelos seus concorrentes.

- Suprimir atividades desnecessárias

Toda atividade gera custos. Faz-se necessário suprimir as atividades desnecessárias que não geram valor para o cliente.

6.6 Como escolher uma Transportadora?

Para quem considera o frete um fator de extrema importância, seguem alguns critérios para auxiliar e orientar na busca por uma boa transportadora.

- Pesquise incessantemente

Pesquisar as práticas e tendências é uma dica valiosa em qualquer mercado Mesmo que sua empresa já possua contratos com alguma transportadora, o ideal é sempre colher mais dados a respeito do que está ocorrendo no segmento, perguntando a parceiros, fornecedores e clientes, verificando níveis de preço praticados por transportadoras semelhantes para as operações e rotas que você usa mais e conferindo se o prestador de serviços que atende sua empresa segue ou não as melhores práticas de mercado.

- Testes e experimentos

É bom de vez em quando, realizar experimentos com outros fornecedores, preferencialmente em operações menores, onde problemas e erros não afetarão significativamente seu negócio. Não se trata de buscar substitutos para seus parceiros. Às vezes, você pode encontrar soluções melhores ou preços melhores para rotas e operações específicas, mantendo seu atual fornecedor para o grosso da carga e adicionando novos fornecedores em escala pontual.

- Mais é mais

Quanto mais cotações e ofertas de transportadoras você tiver, e com maior frequência, melhor. Além de manter você sempre informado a respeito das práticas e condições em cada mercado que você atua, um número maior de cotações permite à sua empresa traçar médias de mercado e até mesmo projeções de gastos e custos.

- Especialização
- Alguns produtos exigem um transporte delicado, manuseio mais cuidadoso e são mais tolerantes em relação a prazos. Outros precisam de agilidade e podem ser manuseados de forma mais bruta e grosseira, contanto que prazos sejam obedecidos. O tipo de produto e as características de cada mercado influenciam também a escolha de uma boa transportadora. O ideal é sempre buscar serviços de frete que possuam alguma afinidade com o mercado no qual sua empresa atua, ou já atendam clientes desse setor específico.

- Online e offline

Nem um, nem outro. Para garantir que sua empresa sempre esteja tendo acesso às melhores oportunidades, o melhor é buscar fornecedores e transportadoras tanto online quanto offline. Dicas de empresários do mesmo segmento e fornecedores que estejam localizados em regiões próximas a você têm sua utilidade, mas a cotação online de fretes e a busca de fornecedores mais distantes com referências em sites e diretórios também são essenciais para seus negócios.

- Frota

Exija dados mais objetivos em relação à composição da frota de cada transportadora e sempre que possível verifique o estado de conservação e manutenção dos veículos utilizados para frete. Serviços baratos demais podem revelar caminhões e carretas obsoletos e desatualizados, além de indicar um mal estado de conservação e manutenção.

- Risco

Além de acidentes e perdas, a possibilidade desses veículos serem parados em estradas, atrasando a entrega de sua carga e suas operações.

- Certificações
- Certificados ISO e outras variações são bons referenciais para se encontrar empresas de carga e transporte também. Tente saber quais são os principais certificados emitidos no setor e se os fornecedores que você possui têm acesso a eles.

6.6 Custos comparativos dos Modais de Transportes

São diferentes os custos de transportes. O transporte hidroviário apresenta os menores custos, seguido pelo transporte ferroviário, e pelo transporte rodoviário. O transporte aéreo apresenta os maiores custos.

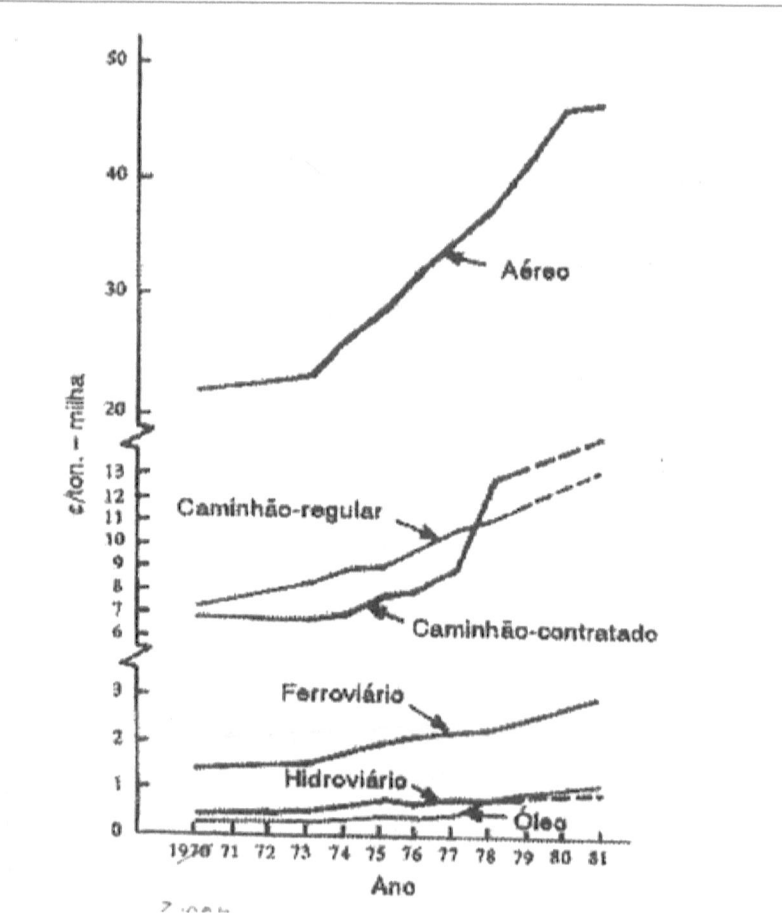

7. Transporte Rodoviário de Cargas

7.1 Perfil :

Malha rodoviária:
- 1,7 milhão km, sendo:
- 204 mil km pavimentados (12%);
- 1,36 milhão km não pavimentados.

Malha rodoviária concessionda:
Administrada por concessionarias privadas: 15.454 mil km
Administrada por operadores estaduais: 1.195 km

Frota de veículos:
- Caminhões: 2,5 milhões
- Reboque: 1.,1 milhão
- Semirreboque: 800 mil
- Cavalo mecânico: 54.mil

7.2 Principais problemas:
- Sobrepeso dos veículos;
- Roubo de carga;
- Falta de qualificação dos motoristas;
- Estado das estradas

7.3 Tipos de Cargas:
- Carga geral;
- Carga a granel, sólida ou liquida (produtos agrícolas e líquidos perigosos).

7.4 Tipos de veículos:
- Caminhão: (veículo único);
- Carreta: cavalo mecânico + semirreboque;

- Bitrem: cavalo mecânico + 2 partes (Braspress 8);
- Treminhão: cavalo mecânico + carreta + semirreboque.

7.5 Vantagens:
- Maior agilidade e flexibilidade;
- Facilidade de substituição do veículo em caso de acidente ou quebra;
- Carga plena ou fracionada;
- Maior frequência e disponibilidade de vias de acesso;
- Serviço porta-a-porta;
- Simplicidade no atendimento das demandas e agilidade no acesso às cargas;
- Menor manuseio da carga e menor exigência de embalagem;
- Ideal para viagens de curta e média distâncias (competitivo até 300 km).

7.6 Desvantagens:
- Curtas distâncias, menos competitivo para longas distâncias;
- Menor capacidade de carga entre todos modais;
- Transporte ponta;
- Frete muito alto: mercadorias de baixo valor agregado (*commodities* agrícolas, fertilizantes, minérios).
- Produtos industrializados.

7.7 Tendências:
- Transferência de cargas da rodovia para ferrovia;
- Veículos maiores no transporte de cargas para aumentar produtividade.

7.8 Desafios:
- Melhoria do estado de conservação das estradas;
- Custos de manutenção dos veículos;
- Segurança das estradas devido a roubos de cargas;
- Qualificação dos motoristas.

7.9 Frete Rodoviário de cargas

A composição do frete rodoviário:

- Frete básico: tarifa X peso da mercadoria.
- Sendo a carga "volumosa", pode-se considerar o volume no lugar do peso;
- Taxa *ad-valorem*: percentual cobrado sobre o valor da mercadoria;

seguro rodoviário obrigatório: os percentuais são aplicados sobre o preço FOB da mercadoria.

7.10 MIC / DTA – Manifesto Internacional de Carga Rodoviária / Declaração de) Trânsito Aduaneiro.

- Formulário único, que faz a combinação entre os dois documentos;
- DTA – documento que permite a transferência de desembaraço da mercadoria da zona primária para a zona secundária;
- Eliminam-se atrasos no cruzamento da fronteira, tornando o tempo de viagem mais curto;
- Para o transporte rodoviário entre os países do Mercosul, foi criado o documento conjunto MIC/DTA.

8. Transporte Ferroviário de Cargas

8.1 Perfil do segmento:
- Total nacional: 30129 km, sendo 5.400 km no Estado de São Paulo.
- Total concedido: 28.190 km
- Demanda atual: 52.000 km
- Concessionarias: 11
- Malhas concedidas: 12

Frota pequena:
- locomotivas: 328
- vagões: 101.916
- velocidade media – Brasil; 25 Km/hora
- velocidade media – EUA: 80 Km/hora
- Idade média: 25 anos

8.2 Processo de Privatização:
- 10/03/92 - início das concessões da RFF – Rede Ferroviária Nacional – do Programa Federal de Desestatização;
- Empresas que adquiriram concessões assumiram com grandes problemas estruturais;
- A transferência da operação para o setor privado foi fundamental para que o setor voltasse a operar.

8.3 Concessionárias e Malhas Concedidas:

- Ferrovia Novoeste;
- Ferrovia Centro-Atlântica - FCA (conecta Porto Seco Centro-Oeste ao Porto de Santos);
- MRS Logística (MG, RJ, SP);
- Tereza Cristina;
- Cia Ferrovia do Nordeste;

- América Latina Logística – ALL (PR, SC, RGS, até Argentina);
- Ferrovia Bandeirantes – FERROBAN;
- Cia Vale do Rio Doce – VITÓRIA - MINAS (900 km - MG, ES, até Porto de Vitória);
- Ferroeste / Ferropar;
- Ferronorte –FERROVIA NORTE-SUL;
- Valec – FERROVIA NORTE - FNS - SUL (Obras paralisadas – TCU).

8.4 Importância para a infraestrutura nacional:
- Baratear custo do transporte;
- Tornar o escoamento da produção mais inteligente;
- Aprimorar em função das atuais demandas e das novas condições tecnológicas e econômicas do transporte;
- Pensar a integração dos modais;
- Reduzir os desequilíbrios na matriz de transporte : os desequilíbrios nas regulamentações garantem vantagem competitiva indevida a setores e aumentam distorções da matriz nacional de transporte.

8.5 Tendências
- 2014: participação da matriz ferroviária: 21%
- 2023 : participação da matriz ferroviária: 32%;
- Aumento da malha ferroviária: 28.476 km para 48.732 km.

8.6 Vantagens
- Adequado para longas distâncias, grandes quantidades, apresenta menor custo do seguro; Menor custo de frete e barateamento do custo logístico;
- Escoamento mais inteligente da produção para centros de consumo e portos de exportação.

8.7 Desvantagens
- As diversas ferrovias apresentam diferença na largura das bitolas:

- estreita (80%) menor velocidade;
- larga (20%) maior velocidade.
- Menor flexibilidade no trajeto (fixo).

8.8 Desafios

- Aumentar a malha com participação da iniciativa privada e do investimento externo;
- Aumentar a velocidade média de 25 km/hora (eficiência): tempo é valor!;
- Estimular a indústria ferroviária nacional (componentes) ;
- Formar mão de obra. qualificada;
- Implantar transporte intermodal.
- Aumento do poder da VALEC, passando a administrar a infraestrutura ferroviária e acabando com monopólio das concessões.

8.9 Frete Ferroviário

O transporte ferroviário é lento, fixo e dispõe de poucas vias de acesso quanto o rodoviário, porém é mais barato, propiciando menor frete, transporta quantidades maiores e não está sujeito a riscos de congestionamentos.

O frete ferroviário é baseado em dois fatores:
- Quilometragem percorrida: distância entre as estações de embarque e desembarque; e
- Pêso da mercadoria.

O frete ferroviário é calculado por meio da multiplicação da tarifa ferroviária pelo peso ou volume, utilizando-se aquele que proporcionar maior valor. O frete também pode ser calculado pela unidade de contêiner, independento do tipo de carga, peso ou valor da mercadoria.

Não incidem taxas de armazenagem, manuseio ou qualquer outra. Podem ser cobradas também taxa de estadia do vagão.

A participação do transporte ferroviário no Brasil com os países latino-americanos é pequena, sendo a diferença de bitola dos trilhos um dos principais entraves, além da baixa quantidade de vias férreas.

8.10 Comparativo - Caminhão x Trem

- 1vagão = 3,57 caminhões

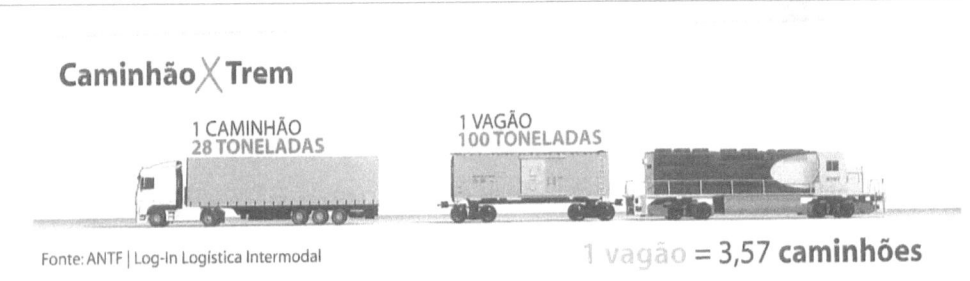

Fonte: ANTF | Log-In Logística Intermodal

9..Transporte Aquaviário de Cargas

Tipos de navegação
- Longo curso - marítimo internacional
- Cabotagem.- pela costa brasileira

9.1 Transporte Marítimo de cargas

9.1.1 Perfil:
Sistema Portuário Nacional
- Portos públicos: 34, sendo 18 (Docas) e 16 (estados e municípios);
- Portos concedidos á iniciativa privada: 3;
- Terminais uso privativo (TUP's): 130.

9.1.2 Porto
Área terrestre com acesso marítimo e hinterlândia, que possui um desenvolvido centro industrial e logístico, desempenhando um papel importante na indústria global e nas redes logísticas (Decker, 2013).

- Hinterlândia
- A área de influência primária do Porto de Santos inclui São Paulo, Minas Gerais, Mato Grosso, Mato Grosso do Sul, Goiás e Distrito Federal, que representam:
- 75 milhões de pessoas;
- 67% do PIB do Brasil;
- 56% da Balança Comercial Brasileira, em valores.

- Porto apresenta aspectos:
- Financeiros;
- Econômicos;
- Logísticos.

9.1.3 Abrangência portuária:

- Nacional: trocas comerciais com o exterior;
- Regional: intermodalidade e multimodalidade (Parques Industriais, EADI (Estação Aduaneira de Interior) , ZPE (Zona de Processamento de Exportação), plataformas);
- Local: infraestrutura portuária e operação portuária.

9.1.4 Porto de Santos

Em 2013 o Porto de Santos movimentou cargas em torno de 114 milhões de toneladas. O movimento recorde foi impulsionado pelo desempenho dos setores sucroalcooleiro, complexo soja, milho e contêineres. Esse movimento, se deve às exportações, que apresentaram um incremento de 12,7% sobre o desempenho do último ano, mesmo sob os efeitos da crise econômica que afetou as principais economias mundiais, inclusive o Brasil. .

A expectativa para 2014 é atingir 122 milhões de toneladas, que representa um incremento de 7,0% em relação ao previsto para 2013. Para os sólidos a granel está sendo projetado um aumento de 4,9%, enquanto os líquidos a granel devem crescer em torno de 1,5% e a carga geral 11,4%. Os maiores destaques são para as expectativas de crescimento das movimentações do complexo soja (16,0%) e das cargas conteinerizadas (12,3%).

Responsável por 96% das exportações brasileiras, com 65 berços de atracação de navios; deslocamento de 9.000 caminhões/dia; o Porto apresenta necessidade de novos terminais de contêineres. Atualmente dispõe de acessos rodoviário e ferroviário através da MRS Logística, FCA e ALL;

Uma das formas mais rápidas para ampliar a capacidade de escoamento e operação de cargas é a otimização portuária. O tempo médio para liberar a carga em um porto brasileiro é de quatro a cinco dias, em média, mas, no auge da demanda mundial por açúcar, os navios atracados chegaram a esperar cerca de 30 dias para carregar, dada a fila de embarcações congestionado os portos. Em 2010, a fila de navios para carregar açúcar ultrapassou a marca de 100 nos principais portos do País.

9.1.5 Modelagem e Concessões

A nomenclatura legal para as parcerias público-privadas as divide em concessões administrativas e concessões patrocinadas (Lei 11.079/2004).

Tipos de Concessões
- BOT (Build-Operate-Transfer) ;
- BOOT (Build-Own-Operate-Transfer),
- BTO (Build-Transfer-Operate).
- EOT: Equipment-Operate-Transfer.

- Esta nomenclatura é utilizada quando é relevante identificar a propriedade dos ativos construídos. As siglas BOT e BOOT são utilizadas muitas vezes como sinônimas. A principal diferença entre os projetos BOT e BOOT se refere ao momento de transferência ao poder público da propriedade dos ativos vinculados à concessão (bens reversíveis). Nos projetos BOOT a transferência dos ativos se dá ao término do contrato, enquanto nos projetos BOT a transferência se dá logo após a conclusão da construção.

Variações de Termos

- BOO (Build/Own/Operate)
- BBO (Buy/Build/Operate)

9.1.6 Terminal Portuário
- Parte de um porto, com instalações para atracar, movimentar e armazenar de cargas;
- Quando especializado, possui sistemas / processos para atender a determinado tipo de navio e de carga.

9.1.7 Tipos de terminais especializados:
- Cargas unitizadas;
- Cargas a granel;
- Cargas especiais.

9.1.8 Terminais a serem privatizados
- Número de terminais: 159, sendo 42 terminais novos para operar cargas.

9.1.10 Terminais existentes no Porto de Santos
- Suco de laranja;
- Açúcar;
- Carga geral;
- Fertilizantes;
- Silos;
- Graneis sólidos;
- Graneis líquidos;
- Inflamáveis.

9.1.11 **Frete Marítimo**
A tarifa do frete marítimo é composta dos seguintes itens:

- Frete básico: valor cobrado segundo o peso ou o volume da mercadoria (cubagem), prevalecendo sempre o que propiciar maior receita ao armador;

- *Ad-valorem*: percentual que incide sobre o valor FOB da mercadoria; aplicado normalmente quando esse valor corresponder a mais de US$ 1000 por tonelada; pode substituir o frete básico ou complementar seu valor;

- Sobretaxa de combustível (*bunker surchage*): percentual aplicado sobre o frete básico, destinado a cobrir custos com combustível;

- Taxa para volumes pesados (*heavy lift charge*): valor de moeda atribuído às cargas cujos volumes individuais, excessivamente pesados (normalmente acima de 1500 kg), exijam condições especiais para embarque/desembarque ou acomodação no navio;
- Taxa para volumes com grandes dimensões (*extra length charge*): aplicada geralmente a mercadorias com comprimento superior a 12 metros;
- Sobretaxa de congestionamento (*port congestion surchage*): incide sobre o frete básico, para portos onde existe demora para atracação dos navios;
- Fator de ajuste cambial - CAF (*currency adjustment factor*): utilizado para moedas que se desvalorizam sistematicamente em relação ao dólar norte-americano;
- Adicional de porto: taxa cobrada quando a mercadoria tem como origem ou destino algum porto secundário ou fora da rota

Portos Brasileiros

9.2 . Cabotagem e Grande Cabotagem

9.2.1 Cabotagem

É todo transporte marítimo realizado ao longo da costa brasileira. No meio marítimo ouve-se falar também em "grande cabotagem" o que se refere ao transporte marítimo realizado ao longo da costa até os países vizinhos mas, em termos oficiais, sempre quando se fala de cabotagem refere-se ao transporte realizado ao longo da costa brasileira do Rio Grande do Sul até Manaus.

9.2.2 Importância

Em um país como o Brasil, com mais de 7.400 km de litoral e 80% da população vivendo a 200 km da costa, a cabotagem é a alternativa mais viável de transporte e parte fundamental da cadeia logística, oferecendo ganho de produtividade para as cargas transportadas, competitividade, segurança, além de proporcionar vantagens sócio -ambientais.

9.2.3 Movimentação de cargas

A Cabotagem desenvolve-se de forma vigorosa. O transporte de cargas pela costa brasileira avançou 7,7% só nos primeiros nove meses de 2013, frente ao mesmo período de 2012. O incremento é maior no segmento de produtos transportados por contêineres. No período, a taxa de expansão desse campo foi de 28%. E segundo analistas, esse crescimento tende a ser de cerca de 10% ao ano até 2020, em busca de reduções de custos de logística que atualmente chegam a 15%.

O setor portuário nacional movimentou, no geral, 460 milhões de toneladas, com crescimento de 5% em relação aos primeiros seis meses de 2013. Um dos destaques, foi para a cabotagem, que transportou 70 milhões de toneladas. Em quatro anos, o crescimento chega a 17,2%. .

O setor já ultrapassou a movimentação de 1 milhão de contêineres por ano, contra cerca de 200 mil contêineres anuais no início da década passada. Os navios estão maiores. Antes, as embarcações transportavam no máximo 800 contêineres. Agora, começam a operar navios com capacidade entre 3,8 mil e 4 mil .

9.2.4 Razão do crescimento

. A recente modernização dos portos mudou o cenário. Nos últimos três anos, estima-se que o governo e o setor privado tenham investido, juntos, cerca de R$ 30 bilhões nos portos do País — em melhoria no acesso, dragagem dos canais e construção de novos terminais. Os aportes foram para a operação em geral dos portos, mas acabaram abrindo espaço para o progresso da cabotagem.

O transporte pelo litoral ganhou impulso também devido aos custos dos pedágios nas rodovias, a nova lei dos caminhoneiros e a saturação nas estradas, aliados à quase inexistência de ferrovias que façam transporte de carga industrial no Brasil. A movimentação na cabotagem cresce, também, pela maior segurança nesses tempos de aumento de roubo de cargas nas estradas. Também o crescimento de renda do Norte e do Nordeste, que amplia as rotas entre as regiões e o Sul-Sudeste para que a cabotagem de contêineres continue expandindo mais de 9% ao ano até 2020.

9.2.5 Custos
Em distâncias acima de 1,5 mil quilômetros, a cabotagem é imbatível.

Apesar de retirar caminhões das estradas, não é ruim para o setor rodoviário, que deixará de fazer ligações de grandes distâncias e vai se especializar em trajetos menores, na ligação do porto com os clientes e no comércio porta a porta.

9.2.6 Vantagens
Além da redução dos custos e de maior segurança, outra vantagem. Se uma empresa precisa ampliar rapidamente seu transporte, é mais simples no navio, que tem espaço e pode receber mais contêineres., sem complicações. Já no transporte rodoviário, a empresa depende de mais caminhões e motoristas, e estima em 15% a redução média de custos das empresas que adotam a cabotagem como modal.

9.2.7 Cargas transportadas
Entre as principais cargas movimentadas pela cabotagem atualmente estão motorcicletas, aço, arroz, móveis, resinas, conserva e madeira, entre outras. O arroz é o destaque. Uma das explicações é o crescimento do poder aquisitivo no Norte e Nordeste, o que aumenta o consumo. Os segmentos de higiene e limpeza e alimentos e bebidas já respondem por 50% de toda a carga da cabotagem nacional.

9.2.8 Desafios
O contêiner é um padrão, é simples. Após a atração das fábricas de motorcicletas para a cabotagem, o próximo desafio são as cargas fracionadas.

Ainda faltam as pequenas cargas, quando colocamos produtos de 20 clientes em um mesmo contêiner. Isso depende de uma estrutura para o recebimento e distribuição dessas mercadorias, que precisa ser desenvolvida.

9.2.9 Operadores

A boa performance da Cabotagem é causada pela entrada em operação de novos navios de armadores como a Aliança Navegação e a Log-In, que aumentaram a capacidade de carregamento.
As principais empresas que realizam o transporte de cabotagem são : Aliança, Log IN, Docenave e Mercosul Line.

- A Aliança Navegação e Logística conta hoje com dez navios em operação na cabotagem, sendo oito próprios e dois afretados. Após investir R$ 450 milhões em 2013 na renovação da frota, a empresa tem como meta agora responder à crescente demanda do mercado brasileiro e do Mercosul. A companhia passa agora a atender em 16 portos, de Buenos Aires até Manaus, com o serviço de cabotagem dividido em quatro slings (anéis) e um total de 116 escalas mensais.
A Aliança Navegação e Logística implementou escalas semanais do porto de Rio Grande para todos os principais portos da costa brasileira, até Manaus, reduzindo a necessidade de transbordo de cargas. Essas escalas também viabilizam o transporte de cargas de Manaus, do Nordeste e do Sudeste diretamente para o porto do Rio Grande, reduzindo os custos logísticos dos clientes .
A Aliança espera aumentar a movimentação de cargas de arroz a partir do porto de Rio Grande, eletroeletrônicos e duas rodas em Manaus, alumínio e níquel em São Luís, no Maranhão, e alimentos, higiene e limpeza no porto de Santos.

- Log In - Rota Expressa entre Manaus e Santosem apenas 10 dias
: Serviço Costa Norte Express conecta os portos de Santos (SP), São Francisco do Sul (SC), Salvador (BA), Suape (PE), Fortaleza (CE), Vila do Conde (PA) e Manaus (AM), com a melhor frequência do mercado.

A capacidade de transporte de cargas entre os portos do Sul, Sudeste e Norte do Brasil está ainda maior, tendo como principal benefício ao cliente a rota Manaus a Santos em apenas 10 dias. Além disso, o serviço também é uma excelente opção de transporte para conectar os portos de Salvador e Fortaleza à região de Manaus e Belém.

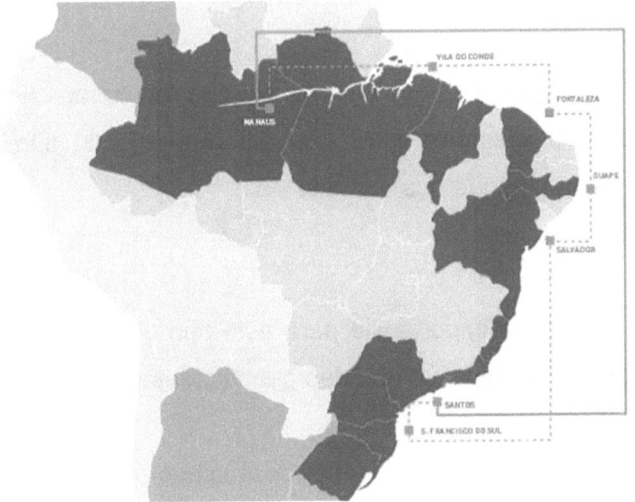

Toda a operação de transporte da carga, desde a coleta do produto na origem até a entrega no destino, é realizada pela Log-In, o que garante à a mais facilidade no controle de todo o processo de gestão da cadeia logística.

9.3 Transporte Hidroviário de Cargas

9.3.1 Perfil:
- Vias navegáveis: 41.635 km
- Vias economicamente navegadas : 20.956 km
- Embarcações próprias:1.944
- Frota mercante:
- Embarcações de cabotagem e longo curso: 176 unidades

9.3.2 Transporte Hidroviário
É o tipo de transporte aquaviário realizado nas hidrovias para transporte de pessoas e mercadorias.

As hidrovias podem ser rios, lagos e lagoas navegáveis que receberam algum tipo de melhoria/sinalização/balizamento para que um determinado tipo de embarcação possa trafegar com segurança por esta via.

9.3.3 Importância
As hidrovias são de grande importância para este tipo de modal, visto que, através dela consegue-se transportar grandes quantidades de mercadoria a grandes distâncias com baixo custo.

Nelas são transportados produtos como: minérios, cascalhos, areia, carvão, ferro, grãos e outros produtos não perecíveis.

9.3.4 Características
- Grande capacidade de carga;
- Baixo custo de transporte;
- Baixo custo de manutenção;
- Baixa flexibilidade;
- Transporte lento;
- Influenciado pelas condições climáticas.

- Baixo custo de implantação quando se analisa uma via de leito natural, mas pode ser elevado se existir necessidade de construção de infraestruturas especiais como: eclusas, barragens, canais.

9.4 Hidrovia Tietê – Paraná

9.4.1 Perfil da Hidrovia
- **Vias navegáveis: 2.400 km**
- **Trecho paulista: 800 km**
- **Trecho paulista : 30 terminais intermodais**

9.4.2 Sistema Hidroviário Tietê-Paraná

Possui 2.400 quilômetros de vias navegáveis de Piracicaba e Conchas (ambos em São Paulo) até Goiás e Minas Gerais (ao norte) e Mato Grosso do Sul, Paraná e Paraguai (ao sul). Liga cinco dos maiores estados produtores de soja do País e é considerada a Hidrovia do Mercosul. Em seu trecho paulista, a Hidrovia Tietê-Paraná possui 800 quilômetros de vias navegáveis e 30 terminais intermodais de cargas.

Encontra-se na matriz da indústria de alimentos Caramuru, em Itumbiara, no sul de Goiás. No local, uma equipe de analistas que confronta diariamente os custos, prazos e condições que cada rota de escoamento oferece desde o Centro-Oeste até os portos de Santos (SP), Vitória (ES) e Paranaguá (PR). Quando o armazém escolhido para atender à encomenda é o de Jataí, no sul goiano, a carga de soja em grãos inicia uma viagem de 1 394 quilômetros rumo a Santos. Para reduzir os obstáculos até o porto, a Caramuru planejou um trajeto que combinam três sistemas de transporte -- rodoviário, hidroviário e ferroviário .

A viagem da mercadoria que sai do armazém da Caramuru começa na BR-364, que liga Jataí a São Simão. É um trecho curto, de 240 quilômetros,-- . Os caminhões da Caramuru desembarcam sua carga num terminal em São Simão, às margens do rio Paranaíba. Trata-se da ponta norte da hidrovia Tietê¬Paraná e o início de uma jornada de cinco dias para percorrer 634 quilômetros até Pederneiras, no interior de São Paulo. Durante o trajeto, os comboios formados por quatro barcaças precisam parar e se desmembrar 13 vezes, em todas as eclusas e pontes, pois elas só permitem a passagem de duas barcaças por vez

Mas, a carga levada por uma única composição da hidrovia corresponde a 172 caminhões de 35 toneladas e consome 80% menos combustível.

Além disso, as rotas inteiramente rodoviárias que ligam o Centro-Oeste a Paranaguá podem levar até duas semanas, devido às condições das estradas. De Pederneiras até Santos, os vagões da Caramuru transportados pela concessionária MRS enfrentam outros obstáculos. As locomotivas precisam atravessar a zona metropolitana de São Paulo de ponta a ponta e dividir os trilhos com as composições da CPTM, que transportam diariamente milhões de passageiros. Todos os dias, nos horários de maior movimento, os vagões cargueiros param para dar passagem aos trens de passageiros. Para eliminar esse gargalo, a principal obra é o Ferroanel, um anel ferroviário nos moldes do rodoanel e que tem por objetivo contornar a zona urbana de São Paulo no caminho para o litoral.

Ao chegar ao porto de Santos, os vagões da Caramuru ainda precisam aguardar até 12 horas para ser desmembrados e levados ao terminal da empresa. As filas de caminhões nas vias de acesso ao porto diminuíram com a construção de bolsões de estacionamento de veículos em áreas próximas, mas são cada vez mais extensas as filas de navios. Um dos grandes culpados é a profundidade dos canais de acesso, com apenas 12 metros em alguns trechos, quando deveria ter pelo menos 15. Isso impede a operação de cargueiros maiores e mais modernos.

Para especialistas, melhorar a infraestrutura do porto de Santos resolveria apenas uma parte do problema. Não faz sentido continuar transportando cargas de grande volume e baixo valor agregado por São Paulo até Santos.

9.4.3 Importância:

A Hidrovia Tietê-Paraná têm papel importante na logística das matérias primas produzidas no Estado, particularmente no caso da movimentação de graneis e seus insumos. Com a interligação entre os rios Tietê e o Paraná, concluída 1999 em direção ao sul e vice-versa através da Eclusa de Jupiá, a Hidrovia ampliou seu raio de ação em mais de 700 km, totalizando 2.400 km entre rotas principais e secundárias, possibilitando, a baixo custo, o transporte de mercadorias entre os países do bloco do Mercosul. Além disso, obras de sinalização, recuperação e proteção de pontes, balizamento, dragagens, retiradas de pedras e controle eletrônico, realizadas nos últimos anos, têm possibilitado ampliar o volume transportado.

9.4.4 Movimentação de cargas

A Hidrovia Tietê-Paraná transporta 8 milhões de toneladas em cargas por ano, incluindo 2,5 milhões de toneladas de soja, milho e derivados de soja que vêm principalmente de Mato Grosso e Goiás, .

A seca no Estado de São Paulo interrompeu o tráfego de barcaças na hidrovia usada para o escoamento de soja. Com isso as empresas exportadoras precisaram contratar caminhões para transportar o produto até o porto de Santos, o principal ponto de embarque de soja do Brasil. A medida elevou os custos de transporte em 10 a 12 por cento.

9.5 Complexo Portuário de Porto de São Simão (GO)

9.5.1 Perfil de São Simão
- Distância entre Porto de São Simão (GO) até Terminal de Anhembi,(SP): 760 KM
- Capacidade de Armazenagem: 89 mil toneladas
- Capacidade operacional total: 2.100 toneladas / hora.

9.5.2 Complexo Portuário de São Simão

Na Hidrovia Paraíba-Tietê-Paraná, por meio do Complexo Portuário de São Simão que tem capacidade de armazenagem de 89 mil toneladas e capacidade operacional total de 2.100 toneladas por hora.

O porto atua no escoamento de parte da produção goiana de grãos, levada até Perdeneiras ou Anhembi, em São Paulo, de onde é transferida para vagões que seguem para o Porto de Santos.

O Brasil tem 29 mil quilômetros de hidrovias em funcionamento. A Hidrovia Tietê-Paraná, muito importante para o transporte da safra de grãos, parte do sul de Goiás e vai até o centro do estado de São Paulo. No total, desde o ponto inicial em São Simão, em Goiás, até o terminal de Anhembi, em São Paulo, a hidrovia tem uma extensão de 760 quilômetros.

O ponto inicial da hidrovia é o porto localizado às margens do Rio Paranaíba, no município de São Simão, no sul de Goiás, na divisa com o estado de Minas Gerais. Chegam ao lugar caminhões que levam milho e soja de várias regiões do Centro-Oeste. Os caminhões despejam a soja nos silos, que é transferida para as barcaças. Todos os dias, quatro barcaças carregadas em um dos terminais. Cada barcaça carrega 1,5 mil toneladas de soja, o que o corresponde à carga de 40 caminhões. As barcaças são tocadas pelos empurradores, que são barcos com força para levar quatro barcaças cada. A viagem até os terminais de desembarque no estado de são Paulo demora uma média de cinco dias.

De São Simão, as barcaças descem pelo Rio Paranaíba até passar por Santa Fé do Sul, no estado de São Paulo, onde acontece o encontro das águas do Paranaíba com o Rio Grande, formando o Paraná. Os comboios descem por um trecho do Rio Paraná até Ilha Solteira.

Na altura de Ilha Solteira as barcaças entram no Rio Tietê, no estado de São Paulo. Os comboios passam por seis eclusas que funcionam como elevadores que fazem com que as barcaças subam do nível inferior do rio, abaixo das represas, para o nível superior.

O terminal de Pederneiras é a primeira parada dos comboios. A maior parte dos carregamentos vai para o Porto de Santos por ferrovia. Depois de Pederneiras, a hidrovia continua por mais um trecho de 120 quilômetros até o terminal de Anhembi, que é atualmente o final do trecho navegável do Tietê para as grandes embarcações.

A hidrovia gasta quatro litros de diesel por quilômetro para transportar mil toneladas de soja. O gasto na ferrovia é de seis litros e na rodovia de 15.

9.5.3 Importância :

Porto de São Simão e Hidrovia Tiete – Paraná: principais produtos transportados : soja, óleo vegetal, trigo, milho, açúcar, cana de açúcar, sorgo, madeira e outros.

9.5.4 Comparativo entre Fretes por modal : Hidrovia, Ferrovia e Rodovia

A Hidrovia Tietê - Paraná

ESTADO DE GOIÁS: Logística de Transporte

FERROVIA NORTE-SUL (em construção)
A ferrovia terá em solo goiano 991 km.
O trecho da divisa com o Tocantins até
Anápolis deverá ser entregue ainda em 2011. O trecho
restante, que alcança o Porto de São Simão,
está programado para iniciar em 2011.

RODOVIA BR-153
A rodovia que integra o norte
ao sul do País possui 678 km
em Goiás

FERROVIA DA INTEGRAÇÃO CENTRO-OESTE (projeto)
O primeiro trecho da Ferrovia
Transcontinental que ligará a cidade
de Campinorte em Goiás a Lucas do
Rio verde em Mato Grosso terá
1040 km com início das obras previsto
para 2011. A ferrovia terá em solo
goiano 210 km.

PLATAFORMA LOGÍSTICA MULTIMODAL DE GOIÁS (em implantação)
Zona delimitada em que
se exercem atividades
relativas ao transporte,
à logística, à distribuição
de mercadorias, tanto
para o trânsito interno
quanto para o
internacional. O
projeto global
abrange área de
618 ha.

PORTO SECO CENTRO-OESTE
Estação Aduaneira
Interior (EADI)
localizada em Anápolis,
destinada ao
desembaraço
aduaneiro com
diminuição de
custo e tempo.

AEROPORTO DE CARGAS DE ANÁPOLIS (projeto)
A construção deste
aeroporto, já licitada, é
parte do projeto global da
Plataforma Logística que
integra os modais
rodoviário, ferroviário
e aeroviário.

RODOVIAS PAVIMENTADAS
As rodovias pavimentadas
que cortam o território goiano
formam uma rede de 13,2 mil km.
Das 246 sedes municipais somente
6 não são ligadas por rodovia asfaltada.

FERROVIA CENTRO ATLÂNTICA
Possui 685km em solo
goiano e alcança o
Porto de Santos

HIDROVIA PARANAÍBA-TIETÊ-PARANÁ
O Complexo Portuário de São Simão localizado do
Rio Paranaíba é operado por quatro empresas e possui
capacidade de armazenagem de 89mil t e capacidade
operacional total de 2.100 t/hora.

ALCOOLDUTO (projeto)
O Alcoolduto ligará a refinaria de
Paulínia (Replan) ao terminal de
Senador Canedo, cerca de 1,2 mil km.

RODOVIA BR-153
Obras de duplicação da rodovia já alcançaram a quase
totalidade do trecho de 204 km que liga Goiânia a Itumbiara
(divisa com Minas Gerais).

Legenda

◆ Plataformas Ferroviárias – Ferrovia Norte-Sul

● Terminal Ferroviário de Cargas – Ferrovia Centro-Atlântica (FCA)

Elaboração: Sepin/Segplan, 2011

10. Transporte Aéreo de Cargas

10.1 Perfil:
- Aeroportos internacionais: 32
- Aeroportos domésticos : 34
- Outros aeródromos- públicos ou privados: 2.472

Aeronaves:
- Transporte regular, doméstico e internacional: 669
- Taxi aéreo: 1.579
- Privado: 8.825
- Outros: 8.328
- Total: 19.401

10.2 Transporte Aéreo

É o transporte adequado para mercadorias de alto valor agregado, pequenos volumes ou com urgência na entrega. O transporte aéreo possui algumas vantagens sobre os demais modais, pois é mais rápido e seguro e são menores os custos com seguro, estocagem e embalagem, além de ser mais viável para remessa de amostras, brindes, bagagem desacompanhada, partes e peças de reposição, mercadoria perecível, animais, etc.

10.3 Vantagens
- É o transporte mais rápido
- Não necessita embalagem mais reforçada (manuseio mais cuidadoso);

10.4 Desvantagens
- Menor capacidade de carga;
- Valor do frete mais elevado em relação aos outros modais.

10.5 Frete

A base de cálculo do frete aéreo é obtida por meio do peso ou do volume da mercadoria, sendo considerado aquele que proporcionar o maior valor. Para saber se devemos considerar o peso ou o volume, a IATA (International Air Transport Association) estabeleceu a seguinte relação:
- Relação IATA (peso/volume): 1 kg = 6000 cm³ ou 1 ton = 6 m³

Por exemplo: no caso de um peso de 1 kg acondicionado em um volume maior que 6000 cm³, considera-se o volume como base de cálculo do frete, caso contrário, considera-se o peso.

A IATA é uma entidade internacional que congrega grande parte das transportadoras aéreas do mundo, cujo objetivo é conhecer, estudar e procurar dar solução aos problemas técnicos, administrativos, econômicos ou políticos surgidos com o desenvolvimento do transporte aéreo.

As tarifas, baseadas em rotas, tráfegos e custos, são estabelecidas no âmbito da IATA pelas empresas aéreas, para serem cobradas uniformemente, conforme as Classificações seguintes:

tarifa geral de carga (general cargo rates):

normal: aplicada aos transportes de até 45 kg;

tarifa de quantidade: para pesos superiores a 45 kg;

tarifa classificada (*class rates*): percentual adicionado ou deduzido da tarifa geral, conforme o caso, quando do transporte de mercadorias específicas (produtos perigosos, restos mortais e urnas, animais vivos, jornais e periódicos e cargas de valor, assim consideradas aquelas acima de US$ 1000/kg), apurados no aeroporto de carga;

tarifas específicas de carga (specific commodity rates): são tarifas reduzidas aplicáveis a determinas mercadorias, entre dois pontos determinados (transporte regular). Possuem peso mínimo;

Tarifas ULD (Unit Load Device): transporte de unidade domicílio a domicílio, aplicável a cargas unitizadas, em que o carregamento e o descarregamento das unidades ficam por conta de remetente e destinatário (prevista a cobrança de multa por atraso por dia ou fração até que a unitização esteja concluída);

Tarifa mínima: representa o valor mínimo a ser pago pelo embarcador. Não é classificada pela IATA.

10.6 Contratação do Frete

Frete é a remuneração pelo serviço contratado de transporte de uma mercadoria.

O pagamento do frete pode ocorrer de duas formas:

frete pré-pago (*freight prepaid*): é o frete pago no local de embarque;

frete a pagar (*freight collect*): é o frete pago no local de desembarque. Os custos do transporte são influenciados por diversas características, tais como: tipo da carga, peso e volume; fragilidade; embalagem; valor; distância e localização dos pontos de embarque e desembarque.

10.7 Frete Aéreo

Classificação de tarifas:

    a. Tarifa geral de carga: Kg

        a1. *Minimum Charge* – valor mínimo do frete conforme área;

        a2. Tarifas normais até 45 kg;

        a3. Tarifas de quantidade – quanto maior a quantidade, menor o frete (faixas: 1ª – maior que 45 kg até 100 kg...).

    b. Tarifas ULD – CTR e Pallet;

    c. Tarifas específicas – embarques regulares;

    d. Tarifas classificadas – descontos /sobretaxa sobre tarifa geral.

Frete Aéreo

- Tarifa geral de carga (*general cargo rates*);
- Normal: aplicada aos transportes de até 45 kg;
- Tarifa de quantidade: para pesos superiores a 45 kg;
- Tarifa classificada (*class rates*): percentual adicionado ou deduzido da tarifa geral, conforme o caso, quando do transporte (??? quando há o transporte ???) de mercadorias específicas (produtos perigosos, restos mortais e urnas, animais vivos, jornais e periódicos e cargas de valor, assim consideradas aquelas acima de US$ 1000/kg), apurados no aeroporto de carga;

- Tarifas específicas de carga (*specific commodity rates*): são tarifas reduzidas aplicáveis a determinas mercadorias, entre dois pontos determinados (transporte regular). Possuem peso mínimo;
- Tarifas ULD (*Unit Load Device*): transporte de unidade domicílio a domicílio, aplicável a cargas unitizadas, em que o carregamento e o descarregamento das unidades ficam por conta do remetente e do destinatário (prevista a cobrança de multa por atraso por dia ou fração até que a unitização esteja concluída);
- Tarifa mínima: representa o valor mínimo a ser pago pelo embarcador. Não é classificada pela IATA.

10.8 Programa Aeroporto 24 horas

Implantado em 2013 apresenta resultados significativos no transporte de carga aérea no país. A redução no tempo de liberação de cargas; o custo do processamento burocrático; e aumento da capacidade dos terminais aeroportuários são alguns dos ganhos visíveis.

Quatro aeroportos de grande porte e responsáveis por quase 80% das cargas aéreas do comércio exterior — Aeroporto Internacional Antônio Carlos Jobim (Galeão), no Rio; Aeroporto Internacional de Guarulhos e Aeroporto de Viracopos, em São Paulo, e o Aeroporto de Manaus — passaram a funcionar 24 horas, inclusive fins de semana e feriados, e os órgãos anuentes deixaram de atender apenas em horário comercial.

Com a medida, quatro grandes aeroportos do país reduziram de 9,1 dias para 4,7 dias, em média, o tempo de despacho de mercadorias.

No Aeroporto Internacional de Viracopos, a concessionária Aeroportos Brasil Viracopos investiu cerca de R$ 30 milhões em reformas, melhorias e compra de equipamentos no Terminal de Cargas do aeroporto de Campinas (SP). Um novo complexo frigorífico foi construído com recursos de R$ 4 milhões, para tornar mais ágeis os processos de recebimento, atracação e armazenamento dos materiais perecíveis, reduzindo o tempo de exposição a temperaturas externas.

No Aeroporto de Campinas também investiu na renovação de seus equipamentos. A concessionária também trabalha em um projeto-piloto para melhorar o fluxo de informações entre empresas aéreas, agentes de cargas e o aeroporto.

No Terminal de Cargas de Guarulhos (GRU Cargo), também em São Paulo, o investimento do concessionário incluiu a compra de tratores e novas empilhadeiras em substituição aos modelos antigos e a capacidade de armazenamento das câmaras frigoríficas foi praticamente triplicada.

A Infraero também vem trabalhando para melhorar os processos nos terminais de carga que administra. O Programa Infraero de Eficiência Logística está implantado nos aeroportos de Curitiba, Joinville, Florianópolis, Foz do Iguaçu e Londrina, na região Sul, São José dos Campos (SP); Salvador, Recife, Fortaleza, Petrolina, Teresina, Natal, João Pessoa, Aracaju e Maceió, na região Nordeste, entre outros.
Dependendo do tempo para liberação de licenças de importação, os processos podem levar até seis dias.

12. Transporte Dutoviário de Cargas:

11.1 Perfil:
Dutos : 22.000 Km entre dutos aéreos, terrestres e submarinos.

11.2 Dutos
São tubulações desenvolvidas e construídas de acordo com normas internacionais de segurança, para transportar minério, petróleo e seus derivados, álcool, gás e produtos químicos diversos por distâncias especialmente longas, denominados oleodutos, gasodutos, minerodutos ou polidutos.

11.3 Tipos
- Gasodutos: destinam-se ao transporte de gases, e destaca-se a construção do gasoduto Brasil-Bolívia, com quase 2000 Km de extensão, para o transporte de gás natural.
- Minerodutos: aproveitam a força da gravidade para transportar minérios entre as regiões produtoras e as siderúrgicas e ou portos. Os minérios são impulsionados por um forte jato de água.
- Oleodutos: utilizam-se de sistema de bombeamento para o transporte de petróleos brutos e derivados aos terminais portuários ou centros de distribuição.

11.4 Importância
A Dutovia é um dos mais importantes modais de transporte. Nos EUA representa 17% da matriz de transportes medida em t-km (tonelada-

quilômetro). Porém, no Brasil, representa 4,2%, está concentrado em poucas empresas e tem pequena participação relativa na matriz logística de transporte. Esta modalidade de transporte é uma das formas mais econômicas de transporte para grandes volumes principalmente de óleo, gás natural e derivados, especialmente quando comparados com os modais rodoviário e ferroviário.

11.5 Vantagens

Os dutos transportam grandes quantidades de produto de maneira segura, diminuindo o tráfego de cargas perigosas por caminhão, trens ou por navios e consequentemente reduzindo os riscos de acidentes ambientais. Há dutos internos, ou seja situados no interior de uma instalação como há também os intermunicipais, interestaduais ou internacionais.

11.6 Características

O modal dutoviário é aquele que utiliza a força da gravidade ou pressão mecânica, através de dutos para o transporte de granéis. É uma alternativa de transporte não poluente, não sujeita a congestionamentos e relativamente barata.

12. Case : Custo Elevado do Transporte Impede Novos Negócios

Adaptado por Célia R. Ricotta.

Custa muito caro produzir no Brasil. Os custos de produção no Brasil são 23 % superiores aos custos de se produzir nos EUA. Também nos emergentes e bem mais barato produzir.

Empresas instaladas no sul- sudeste tem dificuldade de ser competitivas nos mercados do norte e nordeste do Brasil e passam a ter como concorrentes empresas chinesas e europeias.

É o que acontece com siderúrgicas brasileiras como a Usiminas e Votorantim.

Um navio leva 24 dias para percorrer as 11.612 milhas náuticas que separam os portos de Xangai, na China, e Pecém, no Ceará. Entre Santos (SP) e Pecém são três dias e meio de viagem para superar 1.776 milhas náuticas. No entanto, o transporte de uma tonelada de aço da China ao Ceará custa por volta de US$ 55. Enquanto no trajeto entre Santos e Pecém o preço é o dobro, US$ 120. Para Manaus, US$ 150.

.A indústria europeia do aço é competitiva, bem estabelecida na maioria dos Estados-Membros e um importante empregador. Ela produz aço em um processo intensivo de energia através da redução do minério de ferro, ou pela fusão de sucata reciclada. . Aço é recuperado a partir do final de bens de vida e reciclado sem perda de suas propriedades intrínsecas, o que aumenta a sua competitividade e benefícios ambientais. O aço é 100% reciclável. Além disso, a UE tem uma indústria de reciclagem ativa.

Atualmente, a UE é o terceiro maior exportador e o maior importador mundial de aço. Em 2010, a Rússia foi o maior fornecedor, seguida da Ucrânia, China e Turquia. A UE importa mais de 90% do minério de ferro e carvão para produzir aço.

A deficiência da infraestrutura logística brasileira é um dos principais fatores a reduzir a competitividade das siderúrgicas brasileiras, com impactos tanto no custo da produção quanto do escoamento do aço. O Aço é um produto que deve ser basicamente transportado pelo modal ferroviário e pela cabotagem .O Brasil é um país continental e não temos ferrovias suficientes, e a cabotagem ainda é pouco desenvolvida no país, apesar do seu uso crescente

Usiminas

A Usiminas extrai minério de ferro em Serra Azul (MG) que abastece suas usinas em Ipatinga (MG) e Cubatão (SP). Para chegar ao mercado de São Paulo, o transporte tanto do minério quanto das chapas de aço de Minas utiliza as linhas férreas da MRS Logística e da VLI. Um problema, elas possuem bitolas diferentes. Perde-se um dia apenas para fazer o transbordo entre uma malha ferroviária e outra. O transporte rodoviário também não é uma opção competitiva. Ipatinga é servida pela BR 381, que apresenta uma pista simples até Belo Horizonte ..

A distribuição dos produtos da siderúrgica é realizada por uma rede de 19 empresas, com suas atividades concentradas principalmente no eixo Sul-Sudeste. As exceções são a parceria com um distribuidor na Amazônia e dois Centros de Distribuição , um em Camaçari (BA), e outro em Suape (PE), que atendem respectivamente as montadoras Ford e Fiat. A empresa coloca um estoque de aço nos centros de distribuição na Bahia e outro em Pernambuco para atender as montadoras no regime de Just in time.

Sem esses CD´S seria impossível atender as montadoras. Os custos logísticos tornam os produtos da empresa pouco competitivos nos demais Estados do Norte e Nordeste.

As deficiências logísticas do país também levam as siderúrgicas a investir capital próprio em infraestrutura de transporte. A Usiminas, por exemplo, detém 25% do capital da MRS Logística, e dois terminais marítimos para o escoamento de sua produção e o recebimento de carvão importado. Um terminal é em Cubatão, na área de influência do Porto de Santos. O outro é o de Praia Mole, ao lado do Porto de Vitória (ES), em parceria com a Vale e a Gerdau.

Os custos logísticos no Brasil são 35% mais elevados do que os realizados na filial dos Estados Unidos. Parte desse custo é repassada para os clientes Outra parte a empresa absorve. A companhia gasta US$ 425 milhões por ano em logística e poderia economizar US$ 130 milhões se a infraestrutura brasileira tivesse o mesmo padrão que a americana.

ArcelorMittal Aços Longos

Fabricante de aço para construção civil ,possui seis fábricas no Sudeste que atendem 70 mil clientes no país e 75% do transporte é feito por rodovias.

São 120 centros de distribuição e 26 unidades de serviços voltadas a atender a construção civil. Em São Paulo, a empresa possui um hub concentrador de mercadorias e, até 2015, deve investir R$ 60 milhões em dois novos hubs, um no Nordeste e outro no Centro-Oeste.

Votorantim Siderurgia

A Votorantim Siderurgia movimenta quase 3,5 toneladas de matérias primas, insumos e produtos para cada tonelada vendida, os custos logísticos afetam diretamente sua competitividade. A empresa possui três usinas no Brasil, em Barra Mansa (RJ), Resende (RJ) e Três Lagoas (MS), além de uma unidade na Colômbia e outra na Argentina, que somam uma capacidade de 2,5 milhões de toneladas anuais de aço longo. A maior parte da produção é escoada por via rodoviária.

.Como se pode observar os fabricantes de aço utilizam na maioria das vezes transporte rodoviário- inadequado para este tipo de produto - e para atender os clientes na sua necessidade , implantam centros de distribuição perto do cliente ou até mesmo investem em infraestrutura ferroviária e portuária , como é o caso da Usiminas.

Com a expansão , a regularidade e frequência dos navios na costa brasileira somente agora começam a fazer uso da Cabotagem, para levar produtos do sul-sudeste para o Norte, reduzindo em 15% seus custos de transporte.

ALÉM DISSO ,as empresas estão cada vez mais investindo em planejamento de redes logísticas, na otimização da malha de distribuição e em tecnologia para controle de fluxos. Mas o esforço esbarra nos gargalos da infraestrutura do país.

12. Conclusão

Podemos concluir a análise de infraestrutura de transporte dizendo que:

O Brasil é a 7ª economia do mundo com PIB de R$ 4 trilhões, porém é o 56º pais no ranking da competitividade internacional; Produzir no Brasil custa 23% mais que nos EUA e os custos logísticos são 35% maiores. O Custo Brasil desestimula o investimento privado bem como a intromissão do Estado nas definições de mercado.

Os gargalos logísticos geram perdas de R$ 80 bilhões anuais para empresas, e as obrigam a buscar soluções para os problemas de infraestrutura de transporte do pais. Os gargalos logísticos são causados pelo mau estado das rodovias, a falta de ferrovias e a incapacidade dos portos e terminais escoarem e armazenarem a produção bem como a falta de integração entre os elos da cadeia; A eficiência só virá com 52 mil km de ferrovias interligadas a portos, rodovias e hidrovias. Dos 27.782 km da malha ferroviária nacional, um terço é produtivo, transportando minério. Os demais trechos são subutilizados.

Estamos claramente investindo menos que o necessário em Infraestrutura. Nos anos 70, o país chegou a investir mais de 4% do PIB por ano. Este número caiu nos anos 80 e em fins dos anos 90, os investimentos em infraestrutura subiram ao patamar de 3% do PIB.
Desde 2002 o percentual de investimento em infraestrutura cedeu para uma média de 2,1% do PIB anual, mesmo com a adoção de programas como PAC, PIL e início das PPPs.
Entre 2011 e 2012, o Brasil conseguiu elevar seu investimento em infraestrutura para 2,3% do PIB.
Em 2014 a projeção é de que o investimento brasileiro em infraestrutura, tanto público quanto privado, será de R$ 104 bilhões, o que corresponde a 2,0% do PIB. Nesta projeção foram considerados os investimentos de capital nos setores de transportes (rodoviário, ferroviário, aéreo e aquaviário), energia elétrica (geração, transmissão e distribuição), telecomunicações (fixas e móveis) e saneamento básico (água e esgoto).

O Poder publico precisa de investimentos privados e não dispõe de competência técnica e operacional para implementar as obras necessárias com eficiência e eficácia.; Uma parte do investimento em infraestrutura vem de fontes externas e o setor de transportes, entretanto, apresenta uma tendência crescente em termos do IED- investimento externo direto , o que reflete a maior ênfase nos programas do governo,

Em 2012, o governo federal lançou o Plano de Investimentos em Logística (PIL), que prevê a sinergia entre todos os modais de transporte.
A desconfiança do setor privado deixou parada a concessão de ferrovias, com investimentos previstos de R$ 56 bilhões em cinco anos. Os leilões de portos, que deveriam movimentar R$ 54 bilhões, esbarraram em discussão no Tribunal de Contas da União (TCU). Além do Impasse nos portos, o processo de arrendamento de áreas públicas chegou há mais de um ano ao TCU .

É preciso destravar os Programas de Investimentos em Logística O resultado prático é que, exceto pela concessão de seis rodovias e dois aeroportos, Confins (MG) e Galeão (RJ), o Programa IL está praticamente parado ; Iniciar a licitação dos Aeroportos Regionais promovendo a integração aérea de todo pais

É preciso adequar e equilibrar a matriz de transportes., que apresenta distorções e inadequações. Um modelo equilibrado apresenta participação proporcional entre os modais.
O transporte rodoviário apresenta custos quatro vezes maior que as ferrovias e os custos do transporte pela Cabotagem são 15% menores que os custos do transporte rodoviário.

Cargas do transporte rodoviário estão sendo transferidas para o transporte ferroviário e mais recentemente também para a cabotagem na costa brasileira;
Dessa forma, o rodoviário passa cada vez mais a executar o transporte onde é competitivo, que e o transporte ponta , para entregas até 400 km.

O Brasil tem 7400 km . A melhoria das condições econômicas dos estados do norte e nordeste do Brasil , estimulou a demanda por produtos alimenticios, higiene pessoal e outros, obrigando os operadores de cabotagem a aumentar a frequência e o tamanho dos navios na costa, bem como a instalação de novas empresas , nas proximidades dos Portos de Cabotagem , gerando um grande crescimento deste modal.

É preciso destravar o Conhecimento de Transporte Multimodal, retirando as reais dificuldades a sua implementação pelos operadores do mercado;
Melhorar o marco regulatório das ferrovias e de portos e terminais tornando-as atrativas para os investidores e reduzindo a ingerência do estado.
No transporte aéreo, o tempo médio de desembaraço de cargas nos aeroportos da Infraero e de Viracopos ,,Galeão e Brasilia , se reduziu.para quatro dias;

No Porto de Santos está em andamento a 2ª etapa do porto sem papel que permite desburocratizar e agilizar os processos de embarque e desembarque de produtos;

,

A busca de investidores estrangeiros é de fundamental importância , no novo modelo de concessão (por 35 anos) e estabeleceu novos papéis para a Valec, empresa que antes cuidava da construção e da operação, passou a monitorar o tráfego de linhas férreas.

A ligação ferroviária entre Lucas do Rio Verde (MT) e Campinorte (GO) com 900 km é de extrema importância para o escoamento da soja e milho produzido no norte de Mato Grosso , para os principais portos brasileiros . As empresas brasileiras não vão participar. Elas estimam que a ferrovia custaria R$ 7 bilhões, mas os cálculos da Agência Nacional de Transportes Terrestres (ANTT) apontam para R$ 6,3 bilhões. O governo conta com o interesse de investidores estrangeiros, como chineses, russos e espanhóis.;

A FIOL - Ferrovia de Integração Oeste- Leste , com 1400 km de trilhos , a cargo da Valec, será integrada ao Complexo Porto Sul (Ilheús) e a Ferrovia Norte- Sul (Itaqui) , atravessando os estados de Tocantins e Bahia e transportando grãos e minério de ferro.

São bastantes diferentes os custos e prazos para construção de rodovias e ferrovias. Atrair investimentos externos é um dos grandes desafios para ampliar a malha ferroviária, conseguir fretes mais baratos e ainda melhorar a logística. O custo de construção de apenas um quilômetro de ferrovia é de U$ 1,5 milhão. O preço médio para a construção de um quilômetro de rodovia é de U$ 200 mil. O valor final de uma ferrovia sai sete vezes mais caro que o de uma rodovia. A construção de ferrovias também leva mais tempo. Em seis meses, abre-se 500 quilômetros de estrada de terra. A mesma extensão de uma ferrovia levaria cinco anos. Hoje a malha ferroviária é 50 vezes menor que a rodoviária.

O Banco Nacional de Desenvolvimento Econômico e Social (BNDES é a Principal fonte de financiamento para projetos de infraestrutura

Uma das apostas via mercado de capitais é estimular a emissão de debêntures de infraestrutura. Criadas pela Lei 12.431 (de 24/06/2011) que estipulou incentivos tributários específicos, as debêntures de infraestrutura oferecem aos investidores alíquota zero do Imposto de Renda sobre o rendimento dos títulos. Em 2013 foram realizados 14 emissões de debêntures de infraestrutura enquadradas na Lei, num total de R$ 5,117 bilhões, o que representou 7,7% do total de emissões naquele ano. A maioria dos papéis se destinou à captação de recursos por projetos de energia e concessões rodoviárias.

Em outra frente, dois tipos de incentivos estão sendo aplicados para induzir o recurso ao mercado bancário privado e de capitais..

Um deles é trocar o sistema de amortização dos financiamentos, de SAC - padrão do banco em seus empréstimos - pela Tabela Price. Pelo SAC (Sistema de Amortização Constante), o devedor paga mais no início do financiamento e as prestações vão baixando com o tempo. Na Tabela Price é o contrário, paga-se menos no início. É como se postergasse o esquema de pagamentos, com a Price o operador tem a possibilidade de levantar mais recursos de outras fontes na fase inicial de implantação do projeto, aumentando a capacidade de investimento.

O outro instrumento é voltado aos bancos repassadores e vale para projetos enquadrados no Programa de Investimentos em Logística (PIL), cuja taxa de juros é de apenas 2% anuais mais a variação da TJLP.

No Banco do Brasil, a emissão de debêntures é vendida como instrumento de alavancagem de recursos de financiamento. Se o financiamento é de no máximo 70% do valor total do projeto, com emissão de debêntures pode-se aumentar para 80%, O Banco do Brasil tem em carteira projetos de R$ 40 bilhões, sendo (R$ 18 bilhões) em aeroportos, rodovias (R$ 12 bilhões), e ferrovias (R$ 2 bilhões).

Existe forte vinculação entre investimento, a infraestrutura e o crescimento econômico.

Bibliografia:

- **BALLOU,** Ronald H. Logística Empresarial. São Paulo: Atlas, 1993.

- **ALVARENGA,** Antonio Carlos. Logística Aplicada: suprimento e distribuição física. São Paulo: Pioneira, 1994.
- **VALENTE, M. G.** Gerenciamento de transportes e frotas. São Paulo: Pioneira, 1997.
- **WANKE,** Peter F.: Logística para MBA Executivo em 12 Lições. Atlas, 2010.
- **FLEURY, WANKE E FIGUEIREDO**: Logística Empresarial. CEL- Centro de Estudos em Logística, Atlas, 2008.
- **RICOTTA,** Célia Regina: Transporte Sistema Indutor de Desenvolvimento Econômico. ANTT – Escola do Transporte, Brasília, maio, 2011.
- **BRITO**, Pedro: Muito à Navegar - Uma Análise Logística dos Portos Brasileiros. Topbooks, 2001.
- **MAGALHÃES, BENEVIDES, PETRÔNIO**: Cargas, Navios, Portos, Terminais. Aduaneiras, 2001.
- **RODRIGUES,** Paulo Roberto: Introdução ao Sistema de Transporte no Brasil. Aduaneiras, 2000
- **KEEDI**, Samir: Logística de Transporte Internacional. Aduaneiras, 2011, 4ª Edição.
- Pesquisa CNT Sobre Transporte Marítimo no Brasil. CNT, 3ª Edição, Brasília, 2012.
- Programa de Investimento em Logística - PIL: Rodovias e Ferrovias. MT/ANTT, 2012.
- Programa de Investimento em Logística – PIL: Portos. SEP, 2012.
- Programa de Investimento em Logística – PIL: Aeroportos. SEP, 2012.

www.ingramcontent.com/pod-product-compliance
Lightning Source LLC
Chambersburg PA
CBHW021836170526
45157CB00007B/2814